ユダヤ人財産はだれのものか……

ホロコーストからパレスチナ問題へ

武井彩佳

白水社

ユダヤ人財産はだれのものか

目次

凡例

一　地理的範囲について

・本書で「ドイツ（帝国）」と言うとき、一九三七年末の時点でのドイツ国境、いわゆる「旧帝国（Altreich）」を指している。その後併合されたオーストリア、ズデーテン、ポーランド西部などは、そう表記する。本書では、一貫してオーストリアは扱っていない（オーストリアについては、独立した研究が必要である）。
・一九四九年以降の「ドイツ」とは、連邦共和国（西ドイツ）を指している。
・一九九〇年以降の「ドイツ」とは、東西ドイツ統一後の連邦共和国を指している。

二　史料（資料）について

・第一部「略奪」は、一部の第一次史料を除き、おおむね第二次文献に依っている。
・第二部「返還」は、英・米・仏・独・イスラエルの文書館の第一次史料に依っている。
・第三部「補償」は、裁判に関連する資料は、オンライン・データベース（WestLaw や LEXIS など）を利用した。この場合、アメリカ法の分野で使われる表記法をカッコの中に示した。

三　表現について

・通貨「マルク」とは、一九四八年六月二〇日以前は、「ライヒスマルク（RM）」を、それ以後は「ドイツマルク（DM）」を指す。ユーロ導入後は、ユーロで表記する。
・地名は、原則として現在の地名を使用する。当時の史料から引用する場合は、原語にある地名を使用する。

はじめに

本書は、ナチズムの時代にユダヤ人から盗まれた「カネ」と「モノ」の話である。

これまで、ユダヤ人の「死」については十分に語られてきた。彼らがいかに家畜用の貨車に詰め込まれ、強制収容所へと送られ、最後には死体焼却場の煙となったのか、絶滅への意思形成の過程や実行の詳細にいたるまで、われわれは知っている。これに対して、ホロコーストが史上最大の「強盗殺人」であったことを語る者は少ない。

ユダヤ人の収奪は、ドイツからはじまった。迫害を逃れるために海外へ移住する者たちが家や土地を手放すようになり、彼らの苦境につけ込んで安く買い叩く人間が現われた。「アーリア人」のドイツ人が、ユダヤ人の財産を安く取得することは、当時「アーリア化」と呼ばれたが、それはかつてない規模の所有の移行のはじまりであった。

ヨーロッパを次々と飲み込んでいくドイツの侵略は、必ず現地でのユダヤ人財産の略奪を伴った。ウクライナやリトアニアの森や谷でユダヤ人が射殺され、裸同然の死体が深く掘った穴に転がり落ちるとき、彼らの腕に指輪や時計はついていなかった。穴の縁には脱いだばかりの衣服がうずたかく積まれていた。犠牲者からの最期の収奪物は、処刑者のポケットに消えることもあれば、数日後の闇市に並ぶこともあった。

絶滅収容所ではさらに効率は良く、列車で到着したユダヤ人の手荷物は、即座に囚人から成る労務班が運び去った。アウシュヴィッツに残された靴や眼鏡の山、そして「再利用」されてフェルト製品に混ざりこんだ髪の毛——これらはドイツではじまったユダヤ人の収奪が最後に行き着いた場所であった。

なぜわれわれはホロコーストの物的な側面について語ろうとしないのだろう。それは、人の命はカネやモノより重いからだ。失った財産の問題は、人命の喪失というあまりにも重い事実の前に、長いこと沈黙させられてきた。死者の記憶はカネの計算で汚されてはならなかった。

一九九八年にワシントンでホロコーストとユダヤ人財産に関する国際会議が開かれたとき、ノーベル平和賞作家エリー・ヴィーゼルは、カネとモノをめぐる長い沈黙について、こう問いかけた。

それはなぜか。悲劇の記憶はあまりにも神聖で、具体的にその金銭的、物的意味合いについてはわれわれ自身が語りたがらなかったためか。それとも、記憶を守る仕事はあまりにも崇高で、痛みを伴い、また急を要することだったから、ほかのこと、特に銀行の口座などについて考えるのは、単に尊厳を欠くと感じたからか。実際、いまでも金のことを話すのは気が引ける[1]。

ユダヤ人にとって、ホロコーストは人間性の極限的な破壊と、西欧文明の破綻とを意味した。彼らの犠牲はほとんど形而上学的な意味を持つに至り、ユダヤ人の指に光った指輪や、腕時計のために殺されたかもしれないとは、考えたくなかったのである。ホロコーストの中に同居していた窃盗犯の陳腐な小悪を、ユダヤ人自身認めることができなかった。

現実には、ユダヤ人たちはヒトラーが敗北して以来ずっと、奪われたカネとモノを取り戻す闘いを続けてきた。人の死を悲しんだのは当然だが、「いくらカネを積まれても死んだ人間は帰ってこない」などと言って、悲しみに沈んだままになっていたりはしなかった。なぜなら、多くの命が奪われても、生き残った者がおり、ホロコースト生存者を助けるにはカネが要った。中東に誕生したイスラエルは、建国当初から存続の危機にあり、戦うためにも、また世界各地から流れ着く多くの移民を受け入れるためにも、カネが要った。いくらカネがあっても足りなかった時代に、ユダヤ人が道義的にも歴史的にも「ユダヤ民族」に属すと見なしたヨーロッパ・ユダヤ人社会の富を、簡単に諦めることなどできようか。

もちろん、失ったものの大きさの前では、取り戻せたものなど比較にはならない。傷だらけの結婚指輪を「形見」にするのは、物質としての価値ではない。それは付加価値であり、交換不可能であるがゆえに、永遠に不釣り合いなものである。それでも、モノを取り戻すことはかつての生活の一部を取り戻すことであり、それは多少とも犠牲者の心の傷を癒したのである。

こうして、財産を取り戻す長い闘いがはじまった。最後はアメリカの法廷に持ち込まれ、冷戦に勝利したアメリカの「グローバル・ジャスティス」の裁きを受けた。ここで、ホロコーストから半世紀後のユダヤ人の要求は、謝罪や未来に向けた教育といった、重要だが形のないものではなく、むしろ誰にでもわかる言葉で語られていた。モノを失った苦しみは、世界共通で交換可能な尺度、つまりカネでもって測られ、またこれ以外の尺度もあり得なかっただろう。

本書は、ナチ支配下のヨーロッパにおけるユダヤ人財産の略奪、戦後初期におけるその返還、そして冷戦後の返還問題の再燃と補償の現在という、約七〇年にわたる軌跡を追う。

ユダヤ人の富により利を得たのは誰か。「普通の人びと」はユダヤ人の収奪にいかに関わったのか。戦後、ユダヤ人は何を取り返したのか、逆に取り返せなかったものは何か。相続人のいない死者の財産に対して、権利を持つと見なされたのは誰か。そして、死せるユダヤ人の財産は、生けるユダヤ人の国イスラエルといかに関係しているのか。直接的な言い方をすれば、ホロコーストとパレスチナ問題の物的なレベルでの関連性はあるのか。

本書は財産をめぐる問題を中心にすえている。このため、ユダヤ人の死や、彼らの心や身体《からだ》の傷については、周辺で扱うにとどめる。しかし、略奪の先には死があった。時には、「死」そのものが収奪の前提とされていた。

第一部

略奪

第一章　アーリア化

収奪のはじまり

大著『ヨーロッパ・ユダヤ人の絶滅』で知られるヒルバーグによれば、ユダヤ人の絶滅は四段階で進行した。まず、ユダヤ人とは誰かが定義された。これにより排除の対象が特定された。次に、対象とされた集団の財産の収用が行なわれた。その後、ゲットーや収容所へのユダヤ人の強制収容がなされた。そして最後に、抹殺へと進んだ(1)。

ここでわれわれの関心は、抹殺へといたる過程で行なわれたユダヤ人財産の収奪にある。ナチの理解によると、ユダヤ人の富は、ドイツという母体に「寄生」して蓄えたものにほかならず、これをドイツ人の手に「取り戻す」ことは国家の使命であった。したがって、一度「ユダヤ化」されたものを「脱ユダヤ化」する、つまり「アーリア化」することが必要となる（「アーリア化」はナチ用語であるので、カッコ付きで用いるのが適切だが、便宜上、カッコなしで使用する）。

狭義でのアーリア化は、売買契約という手段により、ユダヤ人から「アーリア人」であるドイツ人へ所有権が移行することを指したが、広義では社会生活全般、特に経済からユダヤ人を排除して、その財産を吸い上げることを意味した。これはさまざまな形態をとり、たとえばユダヤ人商店のボイコット、ユダヤ人従業員の解雇、ユダヤ人弁護士や医師の国家資格剝奪、ユダヤ人に対する特別税の徴収などである。つまりナチ用語で言うところの、「経済の脱ユダヤ化」を意味していたのである。本書で「アーリア化」と言うときは、「経済の脱ユダヤ化」とほぼ重なる、広い意味で使っている。

アーリア化は、当初はもっぱらユダヤ人の移住と結びついていた。ナチ支配から逃れるために海外移住を選択したユダヤ人が、家や土地を売って財産を処分する必要が生じたからである。ヒトラー政権誕生の衝撃で、一九三三年に最初の大規模なユダヤ人移住があり、この年だけで四万人弱が国を去った。この時期に去った人たちは、比較的少ない損失で、財産を海外に移転することができた。まだ外貨交換の上限は引き下げられておらず、移住の際に財産の二五パーセントを税金として納めるという「帝国出国税」も、二〇万ライヒスマルク以上の資産を持つ富裕層が対象とされていた。したがって、後に全財産をなげうって、命からがらドイツを脱出する者たちに比べると、この時期に移住した者は、移住先で比較的有利な条件で新しい生活をはじめることができたのである。

これに対して、残った者たちはどうだったのだろうか。彼らは、ヒトラー政権が短命に終わることを願いながら、移住と残留の間を揺れ続けた。その間にもユダヤ人は、ドイツ経済における居場所をますます失っていった。

ここで、一九三三年から一九三八年までの流れを概観しておこう。

ドイツ経済からユダヤ人を締め出す政策は、ヒトラー政権成立直後の四月一日に大々的に組織されたユダヤ人商店のボイコットで幕を開けた。「ユダヤ人の店で買うな」を合い言葉に、商店の入り口には見張りが立ち、買い物客は嫌がらせを受けた。続いて、四月七日の「官吏層再建法」により、「非アーリア人」の公務員が解雇された。この結果、少なく見積もって二万四〇〇〇人以上が職を失った。(2) こうして国が反ユダヤ的な姿勢を明白にしたことで、民間企業にも解雇の波は広がっていった。一部の企業ではユダヤ人の役員が早期退職に追い込まれ、経営陣のアーリア化が進んだ。

これと平行して、ユダヤ人の企業は地方自治体などとの公的な契約を打ち切られ、また外貨や原料の割当てを減らされた。ドイツの企業はみな一九二〇年代の経済危機により大きな打撃を受け、これから完全に回復してはいなかったから、同業者組合からの除名、商品のボイコット、融資の停止といったきっかけで、ユダヤ人の会社の経営は一気に悪化した。資金繰りに行き詰まると、身売りするか（つまりアーリア化されるか）、廃業するかの選択を迫られた。現に、一九三七年の終わりまでに、ユダヤ人による小規模な経営体の約六割が消え、特にユダヤ人が多いことで知られた小売業においては、商店六軒のうち五軒までが、この時点までに消滅していた(3)。

ドイツ経済からユダヤ人が締め出される過程は、歴史家A・バルカイが「ユダヤ人経済圏《セクター》」(4)と呼ぶ、閉じられた経済空間を生む結果となった。ユダヤ人が一般企業から解雇されたことで、ユダヤ人の工場ではユダヤ人だけが働くようになった。ユダヤ人の教師はユダヤ人の生徒だけを教え、ユダヤ人の医者はユダヤ人の患者だけを診た。つまり、ユダヤ人に対してのみサービスや商品が生産され、消費されるのだ。ユダヤ人は互いに雇用しあい、仕事を創出することで、生き残ろうとしたのである。それはユダヤの寓話にあるように、二人の貧乏人が、互いに仕事を発注しあって、ひとつしかない硬貨を二人の間で動かし続けるという話に似ている。その経済圏は先細りと貧困化を運命付けられている。蓄えを食い尽くした時が、終わりである。

ユダヤ人一人ひとりのレベルでは、アーリア化とは日々の生活に直結した問題である。職を失い、収入を得る道を絶たれ、貧困へと転落していくことと同義である。移住が遅れれば遅れるほど状況は悪くなった。家や土地を売れと迫る圧力は日に日に増し、逆に売り値はますます下がった。はじめは値段の交渉の余地があった物件でも、最後には投げ売り同然で放出された。

その周辺に、「アーリア化市場」が形成されていった。好機を逃すまいとするドイツ人に対し、アーリア化に関連するさまざまなサービスを提供する者たちがいた。不動産の売買を仲介する不動産業者、物件購入に融資する銀行、売却物品を査定する鑑定士、土地の登記など公的な記録作成に関わる弁護士、公証人。

そして一九三八年に入ると、国がアーリア化に直接介入するようになる。これ以前にもすでにアーリア化はかなり進行していたが、それはむしろ「私的」なアーリア化と呼べるものであった。それが、この時期になるとユダヤ人財産を迅速に国庫に吸収し、「ドイツ民族共同体」のために活用する方針が打ち出されていく。その背景には、遠くない戦争にむけた軍備拡張があった。

明らかな転換点となったのは、一九三八年四月二六日の「ユダヤ人財産申告命令」であった。[5] 五〇〇〇マルク以上の財産を有するユダヤ人は、六月三〇日までに財産総額を申告するよう義務付けられた。この申告により、国はユダヤ人の手からドイツの手に「取り戻すべき」財産がどれほどの規模であるかを把握することができた。併合したオーストリアも含め、その総額は約七一億マルクであった。[6] こうして、ユダヤ人の財産を、四ヶ年計画の長であるゲーリングが戦争準備のために投入できる体制が作られていくのである。

一九三八年六月一四日には、ユダヤ人による経営とは何かを定義する法律（帝国公民法第三命令）が出されている。取締役会にユダヤ人がひとりでもいれば、それはユダヤ経営であり、四分の一以上のユダヤ人による資本参加があっても該当する。この後、法律は一連の規定で補足され、こうして解雇すべき人間が特定されただけでなく、同時にアーリア化の対象となる会社が明らかになっていった。

急進化していく迫害の中で財産を失うということは、それぞれのユダヤ人にとってどういうことを意味していたのだろうか。あるユダヤ人の移住をめぐる史料から、その実像に迫ってみよう。

アウグスト・フロイントの移住

一九三九年にドイツからイギリスへ移住したユダヤ人に、アウグスト・フロイントという人物がいる。彼は一八八六年、フランクフルトに近いアシャッフェンブルクで生まれ、名前からユダヤ人と推定されるパウラ・モーゼスという女性と結婚している。二人に子どもはなかったようだ。アシャッフェンブルクではラジオなどの電化製品を扱う卸売業を営み、比較的潤った生活をしていたと思われる。

このフロイントがどのような性格の人で、何を好み、ナチ時代以前はドイツ社会の中で良き市民であったかどうかは、知る由もない。彼はとりたてて名の知れた人物でもなければ、ドイツには同じような自営業のユダヤ人はいくらでもいた。

この人物がわれわれと接点を持つのは、文書館の史料を通してである。フロイントは一九三八年、不動産の売却や税金の支払いなど、移住のために必要な諸手続きの代理を、フランクフルトの弁護士ヨーゼフ・カーンに依頼した（もっとも、ユダヤ人の弁護士業は一九三八年九月に禁じられたので、カーンの正式な肩書きは「弁護士」ではなく「法律顧問」となる）。このカーンが保管していた依頼人フロイントのファイルが、ヴィースバーデンのヘッセン州立文書館に保管されている[7]。

このファイルは、移住までの税金の支払いに関連した役所とのやりとりを中心としており、端的に金の計算の記録である。ここには依頼人がどのような迫害を受けたのか、また移住についてどう考えていたのかなど、フロイント本人の肉声は入っていない。第一、フロイントはカーンが代理を引き受けた多くの移住予定のユダヤ人のうちのひとりにすぎなかった。

さらに、われわれの知るフロイントの「生《せい》」は、フロイントがカーンに代理手続きを依頼して、実際に移住が実現する一九三九年初夏までの、ごく短い期間に限られている。しかし、この間に財産の減少を示す単純な引き算が、財産の収奪がどのような形でひとりの人間の生活を支配したのか、その凄惨さを際立たせている。

電化製品の卸売りを営むフロイントの資産は、一九三八年六月末の段階で、一〇万マルクに近かったと推測される。これは、一九三八年四月にユダヤ人の財産申告が義務付けられたときの申告をもとに算出された税額から、逆算した数値である。この時点でフロイントは、すでにアシャッフェンブルクから引っ越しており、財産申告はフランクフルトで行なっている。

フランクフルトへの引っ越しは、国内の状況の悪化を物語る。迫害が進むにしたがい、ユダヤ人は都市へと流入した。それは、社会から締め出されていくなかで、都市にはまだ仕事があったという理由のほかにも、自分がユダヤ人であることが知られている田舎町より、都会で無名で暮らす方が気楽だということもある。くわえて、大都市には外国の領事館などが存在し、役所も集中していたので、移住を考える者には有利であった。したがってフロイントも、フランクフルトに移った時点で移住は具体的な日程にあがっていたのだろう。どちらにせよ、フランクフルトからアシャッフェンブルクまでは列車で一時間ほどで、何か問題があればすぐに出向くことができる距離であった。

一九三八年八月に、アシャッフェンブルクの彼の卸売り販売店「アウグスト・フロイント」は、同じ町の「ヨーゼフ・ブラウン商会」に「譲渡」された。(8) ある程度の規模の卸売り店や小売り店がアーリア化される場合、在庫を同業者に売って処分するか、店そのものを同業者が引き継いで、店名だけが変わることがよくあった。したがって、この「ヨーゼフ・ブラウン商会」も同業者であった可能性が高い。(9) まったくの素人がアーリア化を機に新しい事業をはじめる例がないわけではなかったが、そういう人間の多くは店や会社をつぶしてしまう結果に終わったのである。

会社をたたんだ次には、不動産の処分が待っている。同年九月、フロイントはアシャッフェンブルクのアドルフ・ヒトラー通り九番地の土地を、クリストフ・ユンカーなる人物に売却する取り決めをしている。この売買契約は、ナチ党の大管区経済顧問（Gauwirtschaftsberater）により許可された。経済顧問とは、アーリア化を監督する立場にあるナチ党員で、ユダヤ人財産の購入者が政治的・社会的にふさわしいか（つまりナチ体制を支持しているか）などをチェックし、「適正」な売却価格を決定して、売買契約に承認を与えた[10]。事業を譲渡したと見せかけて、実はドイツ人の知り合いにその一時的な管理を任せただけだったたり、また逆にドイツ人が友人のユダヤ人の海外移住を助けるために、良心的な値段で買い上げる事例があったためである。ナチ党によるアーリア化の認可制度は、一九三六年頃には全国的に広がった。

フロイントが売却を予定していた土地は、兄のエマヌエルと共同名義になっていた。話し合いの結果、評価額一六万三五〇〇マルクの売り値が設定された。うち一〇〇〇マルクのフロイント兄弟の物件に対し、一四万一〇〇〇マルクの売り値が設定された。うち一〇〇〇マルクは、この売買契約を仲介した不動産業者に支払う手数料である。売却益は兄エマヌエルと折半するので、アウグストの取り分は半分、七万マルクになる。一方、買い手であるユンカーは、一万五〇〇〇マルクを経済顧問の指定するドイツ銀行の口座に払い込むことを求められた[11]。

購入者のユンカーが支払う一万五〇〇〇マルクとは何だろうか。

アーリア化の拡大とともに、通常の販売価格と実際の購入額の差額の一部、もしくは全部を、ナチ党やその関連組織に「寄付」させる慣行が広まった。その「寄付金」は、地域レベルで党の活動資金や党員への援助資金として使われた。フロイントの場合、評価額一六万三五〇〇〇マルクの物件に対し、経済顧問は二万マルク以上安い値をつけた。つまり、買い手のユンカーは、得した分からナチ党にいくばくか納金せよということなのである。ユンカーの払い込み先は、「過酷緩和基金」だという。名前から、ナチ党員、特に古参党員とその家族などを経済的に支援する名目の基金であることが読み取れる。

もちろん、こういった慣行は腐敗の温床になった。ナチ党員にとっては、アーリア化に関われば、入ってくる金があることを意味したからだ。たとえば、テューリンゲンでは、アーリア化の際に購入価格の一〇パーセントを大管区の特別口座に支払わせる。これがプールされ、党員自身によるアーリア化物件購入の際の借り入れ資金となっていた。[12] このように、アーリア化は明らかに個人的な利益を追求する機会となっていた。特に、狂信的な反ユダヤ主義者、ユリウス・シュトライヒャーが率いる大管区、フランケンの状況はひどく、脅迫的手段を用いた犯罪的なアーリア化が横行した。これを追及するために、ゲーリングが調査委員会を設けたほどである。[13]

このような状況であったから、アーリア化に国が全面的に介入しはじめ、個人や党ではなく、国がその利益を吸い上げはじめると、ナチ党員がこれに反発したのもうなずける。国のみがアーリア化から利するべきだと言ったのはゲーリングだが、ユダヤ人の収奪から利益を得るのは私人であってはならなかった。こうして党への「寄付」は徐々に国に対する支払いへと変化し、支払う側からは一種の税金だと考えられていたので、「アーリア化均衡税」などと呼ばれもした。納金額は、土地以外の物件で差額の七割、土地の場合は差額の全額になることさえあった。[14]「アーリア化均衡税」の徴収は、許可制の土地や会社の売買を中心に恒例化し、一九四〇年六月一〇日には、ヒトラー政権誕生以降になされたすべてのアーリア化へとその対象が拡大され、売買で不釣り合いな利益を得た者は、誰もが支払いを求められた。[15]

しかしながら、買い手からすると、差額を上納するとなるとアーリア化のうまみは消えてしまう。このため、国も差額をすべて吸い上げることには固執しなかったようだ。実際に、アーリア化均衡税による税収は、たいした額にはならなかったのである。[16] ユダヤ人が売却する物件は、通常価格の三分の二から四分の三の間で価格設定がなされたと言われている。[17] たとえ国にいくばくか支払ったとしても、平時の市場価格よりは安く買ったことに間違いはない。買い手がアーリア化で損をするということはなく、どちらにせよ、ナチによる迫害がなかったとすれば、そのような物件が市場に出回ることもあり得なかったのだ。

さて、フロイントが不動産を売却した後、事態は急速に展開していく。一九三八年一一月九日の夜から翌日未明にかけてポグロム（反ユダヤ暴動）が発生し、ドイツ全土でシナゴーグ（ユダヤ教会堂）が燃え、ユダヤ人男性が強制収容所へ連行された。「帝国水晶の夜」である。ポグロムはドイツにおけるユダヤ人迫害の転換点となるとともに、その財産の収奪においても、転換点となった。

それは、収奪が直接的な暴力と結びついたことにも明らかであった。ポグロムの夜に逮捕されてダッハウなどの強制収容所に連行された者は、外部と遮断された状態で、事業や不動産の譲渡を迫られた。売買契約書に署名すれば自由にしてやると脅され、ここにおいて、物欲を満たす目的で、初めて死に至る暴力が行使されることになった。

ポグロムは、ヒトラー政権が誕生してから、移住と残留の間を揺れ続けた多くのユダヤ人に最後通牒を突きつけた。パニックに陥ったユダヤ人が、ビザを求めて先を争って各国の領事館に列を作るようになるときには、もはやアーリア化とはユダヤ人移住の随伴現象などではなくなっていた。それは、困窮化したユダヤ人の最後の財産を吸い上げ、身ぐるみ剝いで海外に打ち捨てることにほかならなかった。現にこの後、ユダヤ人の財産を剝奪し、国家のために活用することを目的とした法令が矢継ぎ早に出されるのである。

まず、一九三八年一一月一二日、ポグロムで店や事務所などを破壊されたユダヤ人たちは、道路の「景観」を直すという名目で、その修復費用を課せられた。もっともこれは、破壊行為を行なった側が被害を受けた側に原状回復を求めるという、まったく荒唐無稽な要求であった。ユダヤ人はたいてい店舗に保険を掛けていたが、ドイツの保険会社によりユダヤ人の損失が補塡されるのに我慢ならなかった政府は、保険の受取人を国に変更させた。

同時に、ポグロムの原因とされた、ユダヤ人青年グリンシュパンによるドイツ人外交官暗殺に対する償いという名目で、ユダヤ人社会全体に一〇億マルクの「ユダヤ人贖罪《しょくざい》弁済税」が課せられた。全財産の二〇パーセント（後には二五パーセントへ増額）に相当する額を、税金として納めよというものだ。「贖罪」など、とってつけたものであったから、これは財務局などの事務方でも、単に「ユダヤ人財産税」と呼ばれていた。

続いて一二月三日、「ドイツ経済生活からのユダヤ人排除のための命令」（以下、「経済からの排除命令」）が出された。これにより、一九三八年末日をもって、ユダヤ人による小売り販売業、手工業などが禁止されることとなった。つまり、ユダヤ人は自力で生計を立てる道を閉ざされたのである。このため、ユダヤ人の商店などは即刻アーリア化されるか、強制的に廃業させられ清算されるかのどちらかになり、経済顧問により清算人が任命された。ただ、ユダヤ人相手の商売は狭い範囲で許されたので、これ以後ユダヤ人の経済活動はユダヤ人に対するものに限定された。

さて、フロイントは、一一月二八日付の財務局からの通達で、総額一万九二〇〇マルクの弁済税＝財産税の支払いを求められた[18]。これまでもユダヤ人はさまざまな差別的な税制の対象とされてきたが、財産税はその税率の高さからしても、ユダヤ人社会に大きな影響を与えずにはおかなかった。公租公課のたぐいは、それがどれほど法外なものであっても「合法」であるので、従わなければ処罰の対象となる。

この財産税を払うにあたり、フロイントの問題は大きな現金を持っていないことであった。アシャッフェンブルクの土地は売ったものの、買い手のユンカーはしかるべき箇所から正式な売買認可証が発行されないかぎりは代金を支払わないと主張し、支払いが済んでいなかったのである。

近代の社会においては、個人の資産にはさまざまな形態がある。不動産もあれば、有価証券などの金融資産、積み立てた生命保険、宝石などの貴重品、家財道具などもある。これらを包括した全財産の四分の一を現金で支払うとなると、物を売ったり、保険を解約したりしなければならない。これは、財産税を払うにあたって多くのユダヤ人が直面した状況であった。

財産税を完納する現金を持たない者に対しては、彼らの所有する有価証券を取り上げる措置がとられた。前述した「経済からの排除命令」は、ユダヤ人所有の有価証券を銀行へ供託することを義務付けていた。フロイントは、みずからが所有していたIG《イーゲー》ファルベン株二〇〇〇マルク、クルップ株二〇〇〇マルク、ドレスナー銀行株一〇〇〇マルクをプロイセン国立銀行へ譲渡し、不足分の支払いにあてた[19]。

財産税は、原則としては一九三八年四月の申告をもとに計算される。しかし、生業を失い、貯金を切り崩す生活のユダヤ人の財産は、半年後には減ることはあっても増えてはいない。フロイントの場合、一九三八年一一月一二日の時点で、まだ六万七〇〇〇マルクの財産を有していた。しかし、これが一ヶ月半後の一九三九年一月一日には、四万六二六六マルクに減ってしまっていた。減額の理由は、六万七〇〇〇マルクの二〇パーセントにあたる一万三四〇〇マルクのユダヤ人財産税を支払ったこと、また宝石、真珠、銀製の食器類、さらにはユダヤ教徒が使う宗教道具まで含めて、約六〇〇〇マルク相当の貴金属を供出したことなどだ[20]。

宝石や貴金属は、公営の質屋に供出する（ドイツの質屋は公営である）。ここで評価額の一割ほどの値段で買い上げられる。フロイントは、先の財産申告令の際、宝石のみならず、スプーンやフォークなどの銀の食器類まで、所有する貴金属を申告させられていた。これらには公的な鑑定人による査定が付けられていた。一度申告され、記録されたものは、余すことなく吸い上げられていく。

これから約四ヶ月後の一九三九年四月八日には、フロイントの財産は二万マルクしか残っていなかった。その理由はまず、「帝国出国税」の支払いである。

「帝国出国税」とは、ドイツから移住する者に対して課される税金である。これはユダヤ人の移住を意識して導入されたわけではなく、ナチ政権に先立つブリューニング政権が、一九三一年に二〇万マルク以上の資産を有する、もしくは年収が二万マルク以上ある移住者に対し、課税対象となる全財産の二五パーセントを出国税として課したことに起源がある。移住は常に資本の流出を伴うので、これは国の対抗策であった。この後、一九三四年に、課税対象となる財産の下限が二〇万マルクから五万マルクへ引き下げられ、年収では一万マルク以上が課税対象となり、事実上、ナチ・ドイツから逃れようとする者の財産を吸い上げる機能を果たすようになった。実際、ナチ・ドイツは出国税として九億マルクを稼ぎ出したのである[21]。

二五パーセントの出国税は、財産税を支払ったあとの残額に対し課される。フロイントには一九三九年一月一日の時点でまだ四万六二六六マルクの財産が残っていたので、一万一五〇〇マルクを支払っている。これも現金がなかったので、契約していた生命保険の受取人をドイツ国家に指定することで、約五〇〇〇マルク分を工面している。

そのほかに移住に関連して、イギリスへ送る荷物の運送代が二四五七マルク、船代に二二五五マルクかかっている。運送代や船代は、法外な値段を要求されるのが常であった。さらに、物品を「輸出」することに対してかかる関税として四九四マルクを支払っている。これは海外送金のみならず、家財道具などの持ち出し、さらには手荷物の旅行かばんの中の物品に対してもかかる。税率は一九三四年で二〇パーセントであったのが、一九三五年六月に六八パーセント、一九三六年一〇月に八一パーセント、一九三八年六月には九〇パーセントへと引き上げられ、一九三九年九月に戦争がはじまってからは九六パーセントで固定された[22]。つまり、フロイントが移住を試みた時点では、すでに物品の購入価格の九割の税を支払っているのである。ひとつの物に対して二度支払うに等しい。さらに、これと別に運送代も支払うのだから、持ち出すことによる収支は明らかにマイナスである。

なぜこうまでして物を国外に持ち出す必要があるのか。持ち出す物品としては、移住先で当面の生活に必要な衣類などのほかに、家族の思い出の品など、特別な理由のあるものが考えられる。しかし本当の理由は、むしろ出国前に物品を売却したとしても、海外に収益を移転する手段が存在しないことにあるだろう。

移住予定者の銀行口座は、特定の銀行で保護管理という名目で「凍結マルク」として管理されている。外貨に換えたいときは、帝国銀行の傘下の「金割引銀行（Dego）」に自分の所有する凍結マルクを売る必要がある。ナチ政府は早くから厳しい外貨管理体制を敷き、海外送金を監視していただけでなく、一九三五年二月に「外国為替管理法」が出されると、その「違反」を積極的に取り締まるようになった。ここで移住希望のユダヤ人は、この法律を破る可能性のある集団と位置付けられたため、銀行預金の「保護管理」が必要とされたのだ。[23] 後に戦争が避けられなくなると、外貨は戦争に必要な原料など、最も重要な物資の購入に優先的に使われたので、個人が外貨に換えることはほとんど不可能となった。それでも換えた場合、損失率は一九三八年六月ですでに九〇パーセントである。現金を持ち出す可能性がほとんど存在しない以上、損をしても物を持ち出すほうがよいと考えることもできる。もっとも、ユダヤ人にとってナチ時代そのものが損失続きであったから、いまさら損得の帳尻を合わせることに意味はなかった。

　フロイントの出費はまだほかにもある。不動産業者、公証人など、財産処分に関連する手数料と代理人カーンへの顧問料で約九〇〇〇マルク。凍結された銀行口座からは、税金の支払い、弁護士費用、生活費、このようなものだけに出金が認められており、自由には引き出せない。すでに収入はなく、生活費が貯金を食い詰める。

　そして、フロイントの支払った公租公課のリストの中に、フランクフルトのユダヤ人ゲマインデ（信徒共同体）に対して支払った一四五二マルクという項目がある。移住するユダヤ人が、ユダヤ人に対して支払う金があったのである。

当時、居住地のユダヤ人ゲマインデに対するこの「特別納付金」の支払いなしには、ドイツを離れることはできなかった。支払いの後にゲマインデが発効する納税証明が、パスポート発行の条件とされていたからである。平たく言えば、移住者はまだ移住できないユダヤ人のために、共同体にいくらか残していくよう求められていたのだ。それは最大で、全財産の六割にもなった。[24] ゲマインデはこうした収入で、共同体が抱える貧者や老人、子どもの世話をした。つまり、まだ金銭的に余力のあるものは、援助を必要とする者たちへの出費を半ば強制させられていたのである。ヒトラーの言う「ユダヤ人種」が虚構であろうとなかろうと、ここではユダヤ人の「運命共同体」は現実のものとして存在していた。

フロイントは、一九三九年四月以降にイギリスへ向けて出発した。フロイントの財産は、移住までの一年足らずで五分の一ほどに減ってしまった計算になる。残った二万マルクも、そのまま国内の凍結口座に残された。しかしこれも一九四一年一一月の「帝国公民法第一一命令」で、国外に居住するユダヤ人のドイツ国籍が剝奪され、国内に残していた彼らの財産がすべて国庫に帰すことになったときに失われた。

つまり移住とは、無産化したユダヤ人の輸出でもあった。彼らが長い船旅の後にハイファやニューヨークに上陸したときには、その所持品はかばんひとつと、ポケットの中に持ち出しが

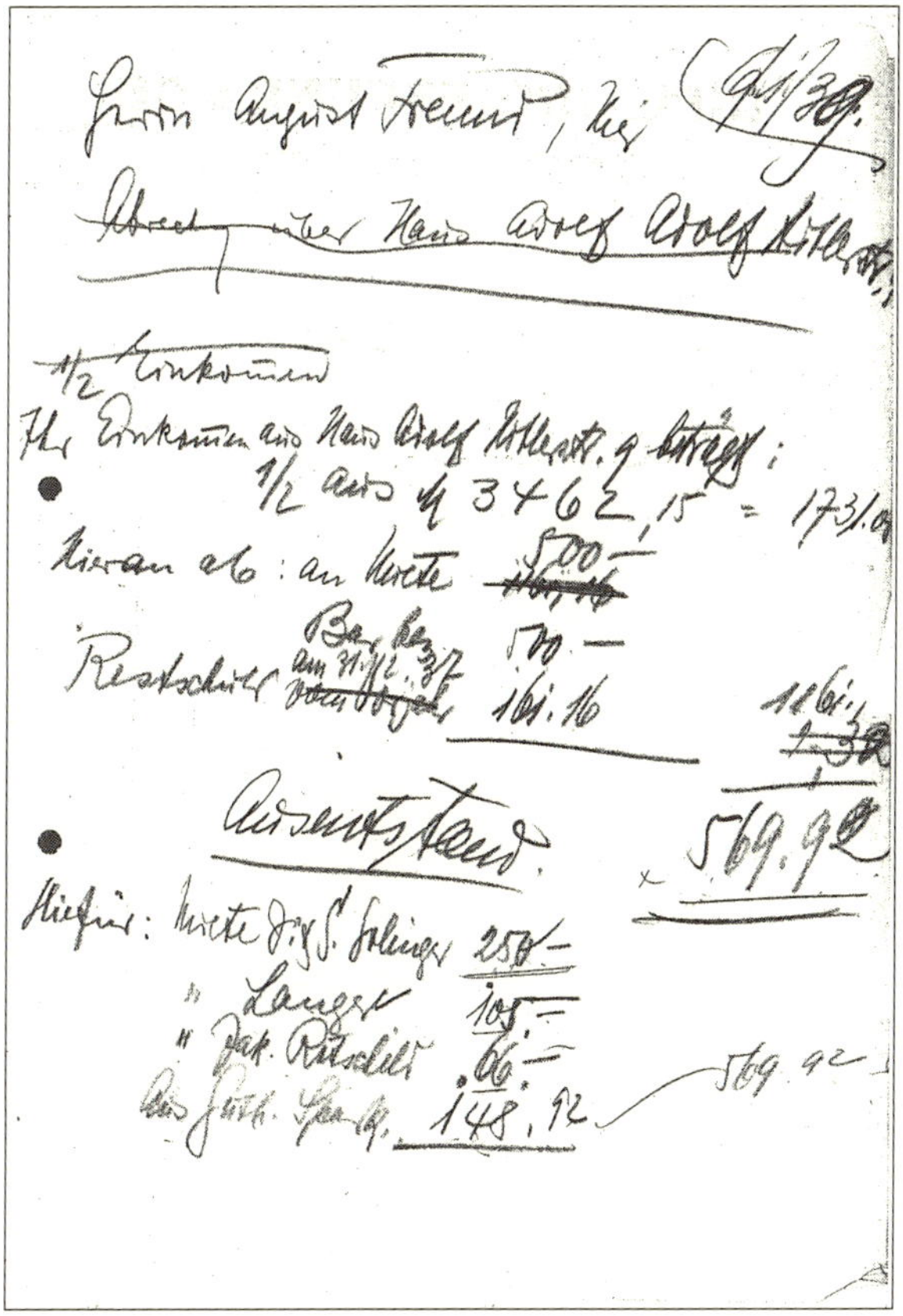

ヴィースバーデンの史料には、弁護士カーンがフロイントの納税額などを計算したあとが残る。
（HHStAW, 471/1, 15）

許されていた二〇マルクだけであった。

それでもフロイントはむしろ恵まれたケースであったと言える。第一に、彼は移住することができた。一九三九年九月、第二次世界大戦が勃発し、イギリスがドイツに宣戦布告して移住がほぼ不可能になるまであと半年もなかった。第二に、彼は比較的裕福であった。移住手続き代行に弁護士を雇えたという事実からも、役所を駆け回って、時間と戦いながら一つひとつの手続きを自分で消化していったユダヤ人とは一線を画していた。

一九四一年一〇月に国外移住が禁止され、これと時を同じくして国内からのユダヤ人の強制収容所への移送がはじまる。ヒトラー政権成立時にドイツに暮らしていた五二万五〇〇〇人のユダヤ人のうち、移住により難を逃れた者が三〇万人ほど、これに対して殺害された者の数は約一四万人とされる。彼らの運命を決めたのは、ヴィザが取れるなど、運の良し悪しやタイミングもあったが、移住できるだけの資力があることが大きな要因となった。ここにおいて、財産を失うことは、迫害に抵抗する術を失うことと同じであった。多くのユダヤ人が、損失を出すことを恐れて不動産や事業の売却に躊躇している間に、以前なら売れたかもしれないものが没収される羽目になった。税金を払う手段を持たなかったために、脱出への窓が閉じてしまった。フロイントが財産を持たない人であったなら、彼が死者一四万人のうちのひとりになっていた可能性は十分にあったのである。

銀行の関与

アウグスト・フロイントの移住を金銭面から観察すると、アーリア化には多くの人間が関わっていることがわかる。たとえば、土地売却を仲介した不動産業者。一〇〇〇マルクの仲介料を手にしている。会社や土地の売却の際に文書を作成した公証人。宝石など貴金属の鑑定士。納税目的の株の売却を請け負う銀行。運送会社。そして皮肉にも、ユダヤ人弁護士カーン。ここには「アーリア化市場」とも呼べる特殊なビジネス領域がある。

ここに関わる人間にとって、アーリア化から派生する業務は、通常の経済活動の一環である。個人の貧困化と追放に関与しているという意識は薄い。利潤の追求と経済活動におけるモラルの相克の問題を、銀行を例に見てみよう。

当時のドイツには、現在ドイツ三大銀行として知られるドイツ銀行、ドレスナー銀行、コメルツ銀行のような全国規模の大手銀行がある一方で、地域産業に根ざした地方の民間銀行も多くあった。もともと銀行業とは、ユダヤ人が多く従事してきた分野であった。なぜなら、ユダヤ人は中世に不動産の所有を禁止されたため、金融や商業など動産を扱う分野への偏重を余儀なくされてきたからである。このため大手銀行の役員には数多くのユダヤ人、もしくは改宗したユダヤ系の人間が名を連ねていた。したがって銀行のアーリア化とはまず、「非アーリア人」のユダヤ人銀行員を解雇し、ユダヤ系の役員や会社が所有する株式を譲渡させ、内部から

「脱ユダヤ化」することを意味した。

　同時に、大手銀行はユダヤ系の銀行を買収するアーリア化の実行者でもあった。なぜなら地方の民間銀行とは、著しく「ユダヤ的」な業種であった。一九三三年当時のドイツの民間銀行総数一〇六〇行においては、ユダヤ系のものが四九〇行あり、実に全体の半数近くを占めていたのである。[25]ドイツ銀行やドレスナー銀行といった大手銀行は、こうしたユダヤ系民間銀行を買収して事業拡大を試み、なかには非常に「敵対的」な条件でのアーリア化と見なされる事例もある。[26]しかし、アーリア化された銀行の数は全体の二割弱（九一行）にすぎない。むしろ八割の銀行は、経営悪化などの理由で廃業に追い込まれたのである。[27]ただ、大手銀行がユダヤ系銀行の廃業に精算人として関われば、その顧客を引き継ぎ、資産処分で手数料を得る余地はあった。

　しかし、同業他社をアーリア化して事業を拡大すること自体は、ナチ時代には多かれ少なかれ、どの分野でも行なわれていた。したがって、アーリア化における銀行の役割で問題視されるべきは、銀行「本来」の業務が、ユダヤ人の収奪とどのように関わっていたのかという点であろう。

　それは、アーリア化の仲介者としての役割である。銀行は、不動産だけでなく、会社や商店など事業の売買も仲介している。大手銀行の支店は、その地域での政治経済の動向を把握しており、不動産の取得や投資先を探す顧客に、移住予定のユダヤ人の物件情報を提供することができた。

もちろん、仲介者としての銀行の役割は、ユダヤ人自身にとっても必要なものであった。手数料を惜しむのでなければ、経験のある銀行に買い手探しを任せる方が効率がよく、リスクも低かった。銀行側も、必ずしもユダヤ人の利益を犠牲にアーリア化を仲介したわけではなく、古くからの顧客であるユダヤ人のために、誠意を持って売却先探しを手伝うこともあった[28]。ほかにも、たとえば海外へ移住するユダヤ人の資産移転は、ドイツ銀行のように海外支店を多く持つ銀行に少なからぬ手数料をもたらしたが、このように海外へ財産を移す手段がナチ支配の初期にはまだ存在していたために、ユダヤ人が移住できた事実も忘れてはならない。

それでも買い手にとって銀行が「儲かる」アーリア化の仲介者であり得たのは、銀行が買収対象となっている会社の経営状況について把握していたからであった。ユダヤ人が経営する会社の取引銀行ならば、その会社の資金繰りや負債についても詳細な知識を持っていた。したがって、会社の買収に関心のありそうな顧客に対して、内密に情報を提供することができたのである。そのような行為が、顧客情報の秘匿義務に反することは言うまでもない。

アーリア化仲介の手数料の相場は、ドイツ銀行の場合で販売価格の一〜三パーセント[29]、ドレスナー銀行では二パーセント[30]であったが、銀行が重視したのは、一時的な手数料収入よりも、むしろ新たな顧客の獲得と、彼らとの長期的な取引関係の構築にあった。購入者は必ずしも十分な資金をもっていないため、銀行は彼らにローンを提供した。売買契約が結ばれる際に、仲介した銀行を今後の主要取引銀行とすることが約束されれば、買い手との継続取引が生む収益が期待できたのである。[31]

なかでも、一部の経営陣がヒトラー政権と非常に近く、あこぎなアーリア化への関与で、「アーリア化銀行」として知られるようになるドレスナー銀行は、一九三七年以降、ベルリン本店にアーリア化関連の業務を集中的に扱う部署を持っていた。ユダヤ人やユダヤ系企業による資本参加の割合を調べ、アーリア化の対象となる会社のリストが作成された。どの会社がユダヤ人による経営だと判断するか、その法的な指標を与えるのは一九三八年六月一四日の法律であるので、ドレスナー銀行はそれ以前にすでにみずからの基準でリストを作成したことになる。また、ドレスナー銀行のアーリア化部門では、アーリア化に許可を与える立場の人間から情報を仕入れるために、商工会議所やナチ党の経済顧問との密接な関係を保つことが奨励されていた。[32] ドイツ銀行も同じように、一九三八年にはアーリア化によって利益が見込まれるユダヤ人企業七〇〇社のリストを作成している。[33]

アーリア化がもたらす利益は、仲介によるものだけではない。買い手が企業である場合、買い手の意に沿った形で、銀行がユダヤ人企業の株式を取得することもあった。銀行による株式の取得は一時的な「つなぎ」で、後に第三者に売却するのである。ここでの銀行側の動機は、大企業との取引関係の維持である。[34] 銀行は企業への融資を通して、また他企業の取締役会に多くの役員を送り出し、事業や投資の方針に影響を与えることで、さまざまな業界に食い込んでいた。現に、ドイツ銀行の場合、上級管理職以上にある人間が五二五ものドイツ企業の取締役を兼任し、ドレスナー銀行の六人の役員だけで、八六の企業の取締役会に名を連ねていたのである。(35)

また、株の売買においても、収益はある。ポグロムの後にユダヤ人は有価証券を銀行に供託するよう命令されたが、このとき二五パーセントの財産税を払うためにユダヤ人が売却した株を購入したのも銀行である。株価が上がったところで再度売却するので、その差額が収益となった。ユダヤ人が大量に株を売りに出して株価が下落しないように、銀行は株の供給量に気を配っていたのである。

さらにドイツが東欧に支配地域を拡大すると、アーリア化も拡大していく。ズデーテンが併合され、ボヘミアとモラヴィアが保護領になると、ドイツ銀行はボヘミア・ユニオン銀行の三九支店を傘下におさめた。さらにドイツ農業工業銀行の二八支店、モラヴィア銀行の五支店も買収している。ドイツ銀行の資産は、一九三三年の三〇億マルクから、一九四二年には七五億マルク、一九四四年には一一四億マルクへと拡大した。(36)

なんと言っても、ドイツ軍の到着から間を入れずに現地入りし、最も精力的にアーリア化で利益の出そうな会社を物色したのがドレスナー銀行であった。そのあこぎな商売根性は、チェコでは韻を踏ませてこんなふうに揶揄されていた。

最初の戦車の後ろから来るのは誰だ？　それはドレスナー銀行のラッシェ博士さ！
(Wer marschiert hinter dem ersten Tank? Das ist der Dr. Rasche von der Dresdner Bank!)[37]

実際、ドレスナー銀行取締役のカール・ラッシェのように、政権に近いという意味で著名な銀行家になると、ナチ政策への関与も相当深い。ドレスナー銀行は支払い能力に懸念があるような場合も融資を行なったが、アーリア化で大きな利益が出れば、返済が滞るようなことはない、というのがドレスナー銀行の論理であった。最終的に、ドレスナー銀行は親衛隊の運営する工場などに投資するようになり、文字通り親衛隊の「主要取引銀行」と化していくのである。[38]

しかし、銀行にとってアーリア化は本当に「儲かった」のだろうか。

儲かったという主張に、経営史を専門とする歴史家は懐疑的である。たとえば、ハロルド・ジェイムズは著書『ドイツ銀行とアーリア化』の中で、アーリア化が本格化した一九三八年にドイツ銀行の手数料収入が大きく伸びた事実は認めるものの、銀行がアーリア化により「巨利を得た」とは到底結論できないとする。[39]実際、アーリア化による銀行の利益も、国がユダヤ人の収奪に大々的に関与しはじめると、そのうまみは消えていった。銀行はユダヤ人の凍結口座を管理する、単なるアーリア化の帳簿係に成り下がっていくのである。

第三帝国下の企業活動に詳しいピーター・ヘイズは、企業による「アーリア化」もユダヤ人の経済的搾取への関与も、長期的に見れば引き合わなかっただろうと考える。その理由は、ユダヤ人から搾取した利潤はナチ国家が大部分を吸い上げてしまったし、利益が出たとしても結局、戦争によって失われてしまったからだという[40]。ドイツ東部領の喪失、戦後の東ドイツ領域での企業国有化は、アーリア化による利潤を帳消しにしてもまだ余りあった。ただ、ユダヤ人迫害と戦争の帰結とは異なる問題であるので、敗戦によって儲けがすべて失われたとしても、「アーリア化」がヒトラー政権の存在なしにはあり得なかった特殊なビジネスを生んでいたことは事実だろう。

現在の歴史研究では、銀行のアーリア化への関与を、ナチズムに対するイデオロギー的な共鳴に求める解釈は、反駁されている。なぜなら、経営という観点からすると、ナチ・イデオロギーはあまりにも非合理的であった。むしろ、利潤追求、事業拡大——こういった企業活動に共通する「合理性」追求の精神が、銀行をしてナチ体制の歯車のひとつにしたのだと言える。銀行の姿勢を決定したのは、黒字の収支決算であり、道徳観念であることはまれであった。こうした銀行の道徳的な責任は、いずれ追及されることになる。

ユダヤ人公共財産のアーリア化

ナチがユダヤ人から「取り戻す」ことに心血を注いだ財産は、私有財産に限らない。ドイツにはヒトラー政権成立時に五二万五〇〇〇人を数えるユダヤ人社会があり、これは西ヨーロッパのユダヤ人社会の政治的・文化的中心地であった。そのドイツ・ユダヤ人社会が、何世代にもわたって作り上げてきた共同体の富もまた、収奪の対象であった。

ドイツにおけるユダヤ教徒のゲマインデ（信徒共同体）は、公法上の団体である。ゲマインデは、信徒から「シナゴーグ税」と呼ばれる税金の徴収を認められている。これはキリスト教徒の支払う「教会税」にあたる。信徒の所得税の一部が、居住する地域のゲマインデに対して自動的に支払われるシステムになっており、これがユダヤ人ゲマインデの財源である。つまり、ゲマインデ会員の減少は、収入の減少を意味するのである。

ナチ政権下の移住により、ユダヤ人口は確実に減少していった。一九三三年、一九三五年と小規模な移住の波があり、一九三七年末には約三五万人に減っていた。一九三八年一一月のポグロムの影響で移住は加速し、翌年五月の時点では一気に二一万人強にまで落ち込んでいる。そして国外移住が禁止される一九四一年一〇月には、国内に残っていたユダヤ人の数は一六万人ほどであった(41)。

ユダヤ人口が減ると、ユダヤ人は職と安全を求めて地方から都市へと移動したため、ゲマインデの解体が進んだ。宗教的には、ユダヤ人ゲマインデの解体は、「ミニヤン」と呼ばれる、礼拝を行なうのに必要な一三歳以上の男性一〇人が確保できなくなったときに生じる。礼拝ができなくなったとき、その共同体は終わりを迎えるのである。一九三三年一月に帝国内には一六一〇のユダヤ人ゲマインデが存在したが、一九三九年七月にその数は一四八〇にまで減少し、一三〇の場所でゲマインデが消滅したことになる(42)。

ユダヤ人ゲマインデが解体された場合、これが所有していた不動産――シナゴーグや墓地、学校、事務所など――はどうなるのだろうか。通常だと、ある場所のゲマインデの消滅が避けられないとなると、近隣のより大規模なゲマインデ、もしくは州(ラント)のゲマインデ連盟などの上部組織に、不動産の名義が移される。場合によっては現地で売却処分されることもあるが、売却益は同じようにラントのゲマインデ連盟などに移されるので、ユダヤ人社会に属する富が非ユダヤ人社会に消えてしまうことはない。

つまり、ユダヤ人社会は重層のピラミッド型になっていて、最下位の単位である各地のゲマインデが消滅しても、その財産はその上部組織へと順次委託される。たとえば、ミュンヘンのゲマインデが解体されるとすると、その上のバイエルンのゲマインデ連盟が財産を引き継ぐだろう。バイエルンのユダヤ人ゲマインデ連盟のみならず、仮にドイツのユダヤ人社会全体が消滅するようなことになったらどうなるか。たぶん、さらに上部のユダヤ人共同体へ、財産の移転が試みられるだろう。つまり、ヨーロッパ・ユダヤ人社会、もしくはユダヤ世界といった大きな共同体のなかに、ドイツ・ユダヤ資本の還流が試みられるはずである。

共同体の所有という点では、ユダヤ世界は一種有機的な存在として認識されている。それは、たとえて言えば一本の木のようなものである。一部の枝が枯れても、木の幹本体は守られ、他の枝でたくさん新芽が出るさまを想像してもらいたい。ところが、このようなユダヤ世界内の財産保護システムが機能しなかったのがナチ時代であった。ナチはユダヤ人公共財産の逃げ道を断ち、それのドイツ民族体への吸収を意図したからである。

そして、ドイツのユダヤ人共同体の衰退は、一九三八年三月二八日の法律で、ゲマインデが公法上の団体の地位を剝奪された時点で決定的となった[43]。これによりゲマインデは徴税権や、宗教法人を対象とした税の控除など、公法上の団体が有するさまざまな特権を失った。さらにこの頃には、ユダヤ人は教育や福祉など「ドイツ民族」の繁栄に関わる領域から締め出されるようになっていた。公的財源から切り離されたため、ユダヤ人はみずからユダヤ人社会の抱える貧民、病人、子ども、老人らに責任を持つこととなった。公立学校を追い出されたユダヤ人児童を受け入れるユダヤ人学校の運営、仕事の斡旋、移住援助、貧民救済事業など、ゲマインデに重い負担がのしかかるなか、ゲマインデは不動産などの公共財産を手放さざるを得ない状況に追い込まれ、公共財産のアーリア化が進んだ。

それでも、病院や老人ホーム、精神病患者や盲人の施設など、ユダヤ人社会の福祉に関わる施設は、当初はアーリア化の対象からはずされていた[44]。なぜなら、ユダヤ人はドイツの社会福祉から切り離されていたので、必要な施設までアーリア化してしまうと、路上にユダヤ人の貧民や孤児があふれることになるからである。

そして一九三八年一一月のポグロムにより多くのシナゴーグが焼失し、事務所が破壊されると、ゲマインデにはこれらを立て直すという選択肢はなかった。廃墟はそのまま放置されるか、安値で売られるかのどちらかであった。

では、誰がユダヤ人公共財産を買ったのか。買い手の多くは、市町村など地方自治体であった。壊れた建物の解体や、瓦礫の撤去作業に必要な経費は、もちろん売却額から差し引かれた[45]。地方自治体は墓地でさえ購入しているが、これは、国がユダヤ人公共財産を「公共」目的で使用することを奨励したからにほかならない。こうして墓地は、均されて公園に作り変えられることもあれば、物置として使われたり、時には墓石が資材として切り出されもした。驚くべきことには、国は自治体に対して、土地だけでなく、墓石にも価格をつけ、これを一括して買うように通達したのであった[46]。

一九三九年七月、ドイツの全ユダヤ人ゲマインデと、人種的にユダヤ人と見なされた個人全員を強制的に統括する組織として「ドイツ在住ユダヤ人全国連合」(以下、全国連合)が設立された。この時点で各地のゲマインデと州のゲマインデ連合は、全国連合に吸収され、法的権能を失い、消滅したのである。したがってゲマインデが所有していた公共財産は、銀行の預金から不動産まで、すべて全国連合の名義となった。

公共財産の所有の一本化は、実は全国連合からゲシュタポ(秘密国家警察)へ、そしてドイツ国家へと財産が流れる道が通じることも意味していた。なぜなら全国連合は、ゲシュタポの管理下に置かれた組織であった。実際、一九四一年夏に全国連合は、ゲマインデ不動産の売却益を福祉目的で使用することを禁じられた。これ以降は、ユダヤ人社会内部から捻出される金は、「ユダヤ人移住中央本部」を通して、ユダヤ人の「東方」への移送目的で使うこととされた(47)。こうしてユダヤ人社会の富は、ドイツ人社会に吸い上げられただけでなく、みずからの破壊の遂行資金と化したのである。クロード・ランズマンの映画『ショアー』のなかでヒルバーグがいみじくも指摘したように、「ユダヤ人問題の最終的解決」には予算が組まれていなかったのである。

一九四三年六月、全国連合はゲシュタポの命令により解体され、その財産は八月三日付の命令で国にすべて没収された。ここにおいてユダヤ人公共財産のアーリア化は完成した。

財務局の仕事

ユダヤ人がナチ支配下のドイツで生き残るには金が要った。ユダヤ人への食糧配給はますます減らされ、腹を満たすには闇市で食料を手に入れる必要があった。しかし、彼らには売るようなものさえなくなっていた。宝石などはすでに供出させられており、タイプライター、自転車、カメラ、望遠鏡といった物も没収された。独ソ戦でドイツ軍が防寒具を必要とするようになると、毛皮・羊毛の衣類、スキー板なども没収された。困窮化した人間は、迫害に対抗する手段を失っていく。

同時に、ユダヤ人の集中化も進んだ。一九三九年四月末、ユダヤ人は「アーリア人」の家主との賃貸契約を解消され、ユダヤ人からしか部屋を借りられなくなり、ユダヤ人専用の住居へと集められていく。集住、つまりゲットー化は当局の監督を容易にし、一斉逮捕を可能とする。ついに一九四一年一〇月、ドイツ国内からポーランドなど東部の強制収容所へ本格的な移送が開始される。ユダヤ人の移送は、ドイツからのユダヤ人の排除が最終段階に来たことを示すと同時に、ユダヤ人の財産剝奪も終局に来たことを意味していた。

最終段階での収奪の執行者は、国の機関としての財務省、各州の上級財務局、そして末端の財務局である。財務官僚とは、財産税の徴収においてユダヤ人の貧困化を推し進めただけでなく、ユダヤ人の銀行口座を凍結し、移住するユダヤ人が持ち出す荷物の一つひとつに関税をかけ、税法違反や外貨規制違反の嫌疑で法的手続きを取り、ゲシュタポに通報したその人たちであった。そして、最終段階では、彼らの仕事は移送されたユダヤ人の残した財産を処分し、最後の一マルクまで国の帳簿に書き込むことにあった。

具体的には、国籍剝奪を財産剝奪と結びつけることで、完全なる収奪に一歩近づいた。ここでアウグスト・フロイントの例を思い出してみよう。フロイントが事業をたたみ、土地を売っても、凍結口座の預金は持ち出せず、その名義で残された。つまり、国内のユダヤ人数は移住でかなり減っていたにもかかわらず、法的には不在者が所有している財産がまだ存在していたのである。こういった財産を手に入れる手段としては、ナチ最初期（一九三三年）の法律に基づき、「国家の敵」と見なされた人間の国籍を剝奪し、資産を没収する方法があった。これは主に共産主義者など政治的な敵対者の権利を剝奪する手段であったが、これではユダヤ人移住者一人ひとりが国家の敵であることを証明せねばならず、時間と労力を要した。また、この手段で財産の国庫帰属を執行する際には、官報に該当者の個人名ですべて告示しなければならない。実際、一九四〇年にバーデンやプファルツからユダヤ人が南フランスへ強制移送されたとき、移送者の財産を一括して没収できない問題が認識されていた[48]。

このような背景から、東方への移送がはじまって一ヶ月ほどした一九四一年一一月二五日、「帝国公民法第一一命令」が出され、ドイツ外に居住するユダヤ人の国籍喪失とともに、その財産の国庫帰属が定められたのである。これにより、財産を国内に残したまま出国した海外移住者の財産が国庫に吸収された。それだけでなく、ポーランドなどの強制収容所へ移送され、ドイツ国境を越えた者が自動的に「国外居住者」となり、国籍を失うと同時にその財産も失った。国籍剝奪が、財産を剝奪する手段となったのである。

しかしこの命令は、同時に、まだドイツ国内に残っているユダヤ人の財産を押さえることも意図していた。なぜなら、同命令は、移送予定者の財産が一九四一年一〇月一五日にさかのぼって警察に押収されることを定めていたからである。これはどういうことかというと、移送予定者は近く国外居住者になるので国籍を喪失する予定だということであり、ここで前倒しで財産の没収手続きを取っているのだ。

具体的には、強制収容所への移送と財産の剝奪は、次のような手順でなされる。まず、移送リストに名前が載った人間に「疎開」の決定通知が届く。このとき出国の際の細かな規則が示される。まず、ガス代や水道代は事前に支払いを済ませること、住居は整理整頓し、腐るものは処分し、家の鍵は一つひとつに名前を書いて、丈夫な封筒に入れること、などなど。ここにおいて、疎開命令を受け取ったユダヤ人は、自分の財産がすでに一〇月一五日に、つまり一ヶ月以上前に押収されていることを知ることになる。したがって、この日付以降の財産の売却や譲渡は認められないので、もはや財産を処分することはできない。さらに奇妙なことに、彼らは財産が国に押収されたと告げられた後で、その財産の内訳を「申告」するよう求められる。順番がまったく逆なのだ。

国籍を失い、財産を没収されるということは、その人は法的には死者に等しい。したがって移送予定者は、ドイツの国境を越える以前から、死亡宣告を受けていたともいえる。現に「帝国公民法第一一命令」が出された時点で、もはや生存していない人間も少なくなかった。たとえば、ミュンヘンからリトアニアのカウナスに送られた一行は、ちょうどこの日、一一月二五日に、銃殺されているのである。

帝国公民法第一一命令の適用は、ドイツ帝国領域の外に出たユダヤ人の財産が対象とされた。これは、ポーランド総督府やウクライナ／オストラント帝国弁務官領など、東方のドイツ占領地域へと送られたユダヤ人についてはまったが、帝国内に位置すると見なされたために適用できない場所があった。[49] テレージエンシュタット（現チェコ共和国のテレジン）である。テレージエンシュタットはボヘミア・モラヴィア保護領内に位置していたが、総督府などのように「外国」扱いされなかったため、第一一命令に該当しなかったのだ（厳密には、帝国に編入されたポーランド西部、オーバーシュレージエンに位置するアウシュヴィッツも、「外国」ではない。ただ、この時期はまだガスによる大量殺害ははじまっていない）。

テレージエンシュタットは老人ゲットーとも言われ、もっぱら老人や混合婚（キリスト教徒とユダヤ教徒の結婚）のユダヤ人、第一次世界大戦の功労者など、むしろ「優遇された」者たちが送られた場所であった。テレージエンシュタットへ移送されるユダヤ人は、当地は設備の整った保養所であると吹き込まれたが、現実は、劣悪な環境の下に多くの人間が詰め込まれ、餓えと疫病が支配する死のゲットーであった。

テレージエンシュタットへの移送者の財産を、国が確保するための方法が、「住居購入契約（Heimeinkaufvertrag）」であった。テレージエンシュタットに約束された住居と交換に、全財産を「ドイツ在住ユダヤ人全国連合」へ引き渡すというものである。現代ならさしずめ老人ホームの永住権を買うといったところだろう。オーストリアを除いたドイツからは四万人強がテレージエンシュタットへ移送されたが、彼らは死の老人ホームに部屋を買わされたのであった。この擬似契約により全国連合へと移された財産は、「H口座」と名づけられた秘密口座に入れられた。ゲシュタポの監督下にあった全国連合への財産譲渡とは、つまるところゲシュタポの手中に収まったということであった。

どちらにせよ、全国連合は一九四三年に解体され、その財産は国が没収したので、全国連合を介した擬似契約をするという回り道はしたものの、最終的に国は望むものを手にしたのである。

「普通のドイツ人」とユダヤ人の財産

ユダヤ人の移送後は、残された財産をいかに活用するかという点が重要になる。移送で空いた家や部屋は、国が家賃の肩代わりをすることがないように、なるべく早く賃貸人を見つけなければならない。実際には、待つまでもなく、財務局の不動産部門に物件購入願いが殺到するようになった。このため、一部の優遇されるべき人びと――第一次世界大戦の傷痍軍人や、東欧からドイツに「帰って」きた「民族ドイツ人（Volksdeutsche）」と呼ばれる人たち、さらには子だくさんの家族などに売られていたが、一九四三年には前線で戦う兵士に不利にならないように、売却が中止された。予定されたドイツの「最終的な勝利」の後まで売却は先送りされることになったのである。[50] こうして、不動産はもっぱら賃貸されることとなった。

これに対して、住居内に残された物品は当然再利用されるが、まず財務局がみずからの需要を満たすことを優先した。業務上、使用可能なもの――たとえば机、戸棚、肘掛け椅子、タイプライターなど――は局のために確保する。財務局員のための保養施設や研修所など、宿泊施設で使うベッド、シーツ、カバー、タオルなどもとっておく。[51] 局内で使用されないものが、爆撃で焼け出された市民に回され、財務局は自治体やナチ国民福祉団に物品を廉価で払い下げる。

競売にかけて売ることもある。委託を受けた地元の運送業者がユダヤ人のアパートを回って家具・日用品を回収し、しばらくすると地元紙に競売の案内が載る。時には、ユダヤ人を退去させたばかりの住居前で競売が開かれることもあったが、さすがに前住人の残り香が消えないうちに物品を処分するのは住民感情を損ねたのか、財務省から各地の上級財務局長宛に送られた通達には、住居前での競売は、経験上、望ましくないと記されている。[52] 競売では、衣類だけでなく下着も、使い込まれた食器も、文字通り最後のスプーン一本まで売られた。

財務局は、その官僚的正確さでもって購入者の名前と住所だけでなく、購入品の数まで記録していた。これらの史料から、購入者の多くは、繰り返し競売に参加する人間であることが指摘されている。つまり、競売案内が載るたびに、積極的に出向いて物色する層が一部にあったことを意味している。実際、ユダヤ人の移送により残された物品が手に入るという噂は、戦争で日常品にも困るようになっていた市民の広い関心を呼んだ。各地の財務局には、市民から特定の物品を所望する手紙が届くようになったという。たとえば、一九四四年一月にソーセージ店を経営する女性からニュルンベルクの財務局に届いた手紙にはこうある。

……ユダヤ人家族の家財道具を購入できるとお聞きしました。私は一九四三年八月一〇日の爆撃でひどい被害を受けましたので、可能でしたら何か譲っていただきたく思い、お願いする次第です。私は以下のものを必要としております。ベッドの木枠とマットレス、ベッド、ナイトテーブル、洗面台、たんす、肘掛け椅子二脚、寝椅子、カーテンと鏡(53)……

それどころか、なかには隣人のユダヤ人の移送を当て込んで、以前から目をつけていたものを所望するケースさえあった(54)。

こうしてユダヤ人の残した品々を手にした人びとには、自分が非人間的政策の受益者であるという認識はあったのだろうか。

財務局が税法上の違反に対し、強制執行で差し押さえた物品を競売にかけるのは、所有者がユダヤ人であろうとなかろうと関係なく実施されてきた。したがって、競売自体に非合法な要素を見つけることは難しく、現に国外居住者の財産没収も「合法」には違いなかった。これに対する心理的な障害があったとするなら、それはあくまで個人の良心であっただろう。なぜなら、競売の参加者は、物品がどこに由来するのか、もちろん知っていたからである。

逆に、参加者にリピーターが多かったのならば、これは同時に、競売リストにまったく登場しない、競売に参加しようとしなかった多くの市民の存在も示唆している。ユダヤ人の残した物を買うという行為においては、多少とも心理的な敷居があった。では、一部の人びとにその敷居を越えさせたものは何だったのか。たぶん、それは長年の排除の過程であり、またこれらの排除を「合法」とするさまざまな法律であった。合法である以上、犯罪ではなく、良心の呵責も薄かったのだ。

そして一九四三年七月一日公布の「帝国公民法第一三命令」により、死亡したユダヤ人の財産は国庫に帰すことが定められた(55)。この時点では、移住者は国籍を失い、その残置財産はすでに国のものになっていたし、東方へ移送された者の財産も同様であったので、財産収奪に関しては、ユダヤ人が生きていようと死んでいようとすでに大差ない状況ができあがっていた。実際に、これ以後、ユダヤ人に関する重要な法令は出されていない。もはやその必要もなかったのである。

ドイツにおけるユダヤ人収奪の受益者は誰か。最大の受益者は、明らかに国である。一九三八年一一月のポグロムが起こった時点で、ドイツの国家財政は破綻寸前であった。赤字は二〇億マルクにまで膨らんでいた(56)。戦争に向けた大幅な増税は避けられない事態となっていたが、ヒトラーはこの解決策を拒否した。

この後、ユダヤ人社会に一〇億マルクの「弁済税」が課せられ、この特別税収は国家の収入を一気に六パーセントも押し上げた(57)。また、続くユダヤ人の大脱出により、「帝国出国税」による税収も加わった。ユダヤ人に対する扶養控除などの廃止は税収の増加を意味し、逆に彼らを福祉から締め出すことで、そのぶん支出を抑えることができた。歴史家ゲーツ・アリーは、著書『ヒトラーの大衆国家』の中で、少なく見積もっても、戦争がはじまる前年度の国家予算の九パーセントが、広い意味でのアーリア化による収入であったとしている[58]。

これは、本来なら他の手段で工面する金を、一部は、ユダヤ人の財産で充てていたということだ。つまり、ユダヤ人から奪うことで、国民への増税を回避した事実は明らかに存在した。その意味でアリーは、ユダヤ人の収奪の受益者は、たとえ個人としてはアーリア化に関わることがなくても、特定の集団の完全な収奪に基づいて運営される社会体制そのもの、平たく言えばナチ体制下に生きた「普通のドイツ人」であったと示唆している。

第二章　占領地域での略奪

フランスのアーリア化

一九三九年九月一日、ドイツ軍がポーランド国境を越え、第二次世界大戦が勃発した。ドイツはスターリンのソ連と相互不可侵条約を結び、その秘密議定書に基づき、ポーランド西部をドイツに併合した。ソ連が獲得したポーランド東部領との間には、ポーランド総督府が置かれた。ポーランドにおけるユダヤ人財産の強奪については、後で述べることにしよう。

一九四〇年四月、ドイツは北ヨーロッパへの侵略を開始する。デンマーク、ノルウェーに続き、五月一〇日には西へと侵攻し、オランダ、ベルギー、ルクセンブルクと、次々と飲み込んでいった。六月一四日にヒトラーはパリに入城し、六月二二日に休戦協定が結ばれた。

ドイツの勢力下に置かれた西ヨーロッパ諸国では、ドイツと同じような経緯でユダヤ人財産の収奪が進んだ。まず、ユダヤ人の「定義」がなされ、特別税が課され、ユダヤ人の企業が登録され、企業がアーリア化されて「収用」が進んだ。

西ヨーロッパでは、ドイツ支配の強弱により、ユダヤ人の収奪の程度も異なっていた。たとえば、オランダは「文民」の行政機構である帝国弁務府が置かれた国だが、皮肉にも、国防軍ではなく「文民」のナチ行政官による直接支配がなされたことにより、徹底したアーリア化がなされた。ドイツはオランダを完全に収奪するために、自国経済とオランダ経済の統合をはかり、マルクとギルダーの通貨国境を廃止したほどで、オランダのユダヤ人財産は必然的にドイツ国庫へと流れ込むようになっていた。[1] 少なく見積もって、オランダのユダヤ人から一〇億ギルダーに相当する財産が収奪されたとされる。[2] 財産の剝奪が、抵抗手段の喪失を意味していたことはドイツの例で見たが、その証拠に、オランダにおけるユダヤ人の死亡率は、西欧諸国のなかで最も高かったのである。

これに対しフランスでは、ドイツと正式な休戦協定が結ばれた結果、ペタン元帥を首脳とするヴィシー政権というフランス人による政府が存在していた点が、他国とは異なっていた。ドイツ占領下の北西部と、ヴィシー政府の「自由地区」南部とに分けられ、当初ドイツの支配はフランス全域に及んでいなかったこともあり、フランス人がユダヤ人政策にかかわる余地を多分に残していたのである。ドイツ敗戦のあと、ヴィシー関係者は、ヴィシーの反ユダヤ政策はドイツの強制によるものであったと主張したが、これは歴史研究により反駁されている。[3] さらに近年の研究で、フランス自身がアーリア化において相当関与していたことが明らかにされている。[4]

フランスにおけるユダヤ人収奪の特色は、敗北したフランスが国家の体面を保つことに執着したため、その対ユダヤ政策も、ドイツに対する対抗心に突き動かされていたことであろう。フランスの関心はもっぱら、ドイツの干渉を最小限に抑えることでフランスの主権を死守することにあった。したがって、ドイツ主導でアーリア化が進み、結果的にフランスの富が「ゲルマン化」され、ドイツへ流れてしまうくらいなら、フランス人が自分たちの手でユダヤ人財産を管理すべきであるという、消去法的思考に条件付けられていたのである。

だが同時に、ヴィシー政権においてはフランス経済からユダヤ人の「影響力」をそぐことには広範囲な同意があった。ヴィシー政権が発布した反ユダヤ諸法[5]が、公職やメディアなどの特定の領域からユダヤ人を追い出し、またフランスに帰化して年数の浅いユダヤ人や、難民として流れ込んだ外国籍のユダヤ人を排除する方針を明確にしていたように、ユダヤ人のなかでも特に近年の新参者である東欧系ユダヤ人をフランス経済から排除することは、国益にかなうと考えられていた。一九四一年七月二二日、ヴィシー政権はみずからアーリア化法を制定するに至るが、その序文には、「国家経済におけるユダヤ人のすべての影響力を排除するために」と、明白にその目的が述べられている。[6] つまり、「アーリア化をフランス人の手に」というヴィシー政権の努力は、戦後にヴィシーのアーリア化担当者が主張したのとは裏腹に、フランスの支配を固守して国内のユダヤ人財産をドイツの収奪から「守る」というよりは、ユダヤ人財産のフランス経済への吸収を是とするがゆえに、「ゲルマン化」されることを嫌ったのである。[7]

では、フランスのアーリア化はどのように進んだのだろうか。

まず、一九四〇年九月二七日、ドイツ占領軍政府は、ユダヤ人の扱いに関連する最初の命令を出し、ユダヤ人の商店をドイツ語とフランス語で表示するよう命じた。[8] それから一ヶ月もしないうちに、ドイツはユダヤ人の所有する会社や工場、商店などに対し、フランス人の管財人(kommissarischer Verwalter〔KV〕)の任命をはじめた。[9] これに先立つ一九四〇年九月一〇日、ヴィシー政府は、所有者が自由地区に逃げたり身を隠したりしたため麻痺している会社や、稼働していない工場などを管理し、経済活動を継続させる目的で、これらにフランス人の「管財人(administrateur provisoire〔AP〕)」の任命を定めていた。[10] ユダヤ人でなくとも、ドイツの支配を逃れ自由地区へ去ったフランス人はいたが、この法律は、徐々に占領地域にあるユダヤ人財産の差し押さえを目的に適用されるようになった。つまり、ドイツが言う「管財人＝KV」と、フランスの「管財人＝AP」は同じものだ。

管財人の仕事は、次のようなものである。ユダヤ人の事業が利益を生むものであれば、ユダヤ人でないことを証明できるフランス人に売却する。まず「自主的」な売却を求めるが、これにユダヤ人所有者が協力しない場合は、強制的に売却する。利益を生まない会社は清算して、

万年筆修理屋
右の表示にはフランス語とドイツ語で「ユダヤ人の店」とあり、左には 1940 年 11 月 1 日から経営者がフランス人に代わると書かれている。
（USHMM, #45618）

物品などを競売にかける。重要な企業には一社につきひとりの管財人が任命されたが、会社の規模が小さければ、ひとりが複数の会社の管財人を兼任することもあった。管財人の報酬は、もちろん、アーリア化されるユダヤ人の会社が負担する。

占領軍政府のアーリア化担当部門は、候補者となるフランス人のリストの中から管財人を任命した。この状況にヴィシー政府は、そのうちドイツ人が管財人に任命されるようになり、フランスから富の流出が起こるのではないかと危惧しはじめた。というのも、管財人は応募制である。管財人に任命してもらうために、自分は親独・反ユダヤ的な人間であるとドイツ側に売り込むようなフランス人もいたから、危機感は現実のものであった。したがってヴィシー政府は、フランス側に管財人の任命権を確保することで、ドイツの介入を防ぎ、アーリア化を監督し、かつ合法的に進めるべきだと考えた。こうして、一九四〇年一二月、「管財人監督局（SCAP）」が設けられた。この後、ドイツに先を越されまいと、フランス側は多くの管財人を任命し、任命権と監督権の保持は、フランスにとって小さな勝利だと見なされたのであった。

ここでドイツ占領軍政府とフランス行政の力関係と、権力の住み分けについて考える必要があるが、フランスの「対独協力《コラボラシオン》」とは、突き詰めると、ドイツ人が命令してフランス人に仕事をさせ、これをドイツが上から監督することを意味した。実際、ドイツの問題は占領機構の人員不足にあったので、ドイツの利益に直接に関係しない限り、フランス人にアーリア化の実行を任せるにやぶさかではなかったのである。したがって、命令を出すのはドイツ軍でも、その命令を執行するのはフランス国家であった。

では、どのような人びとが管財人に任命されたのだろう。彼らは戦後、最も早い段階からの対独協力者として批判されることになる人びとだが、典型的な管財人像を描くことは難しい。ユダヤ人ではない、前科がない、所有者のユダヤ人と個人的関係を有しないなどが管財人になる条件とされ、また売却まで会社を適切に管理する必要があるので、一定の専門性が求められた。(11) このため、販売や法律の知識を持つ者が多かった。もちろん、管財人はユダヤ人排除に執念を燃やす反ユダヤ主義者であることもあったし、商工会議所の役員など、職業上の関係から管財人に任命され、職務を果たしているに過ぎなかった者もいた。同時に、ユダヤ人の友人を助けるために誠実に財産を管理した者もいた。(12) また、敗戦によって戦争捕虜となり、ドイツに送られ、収容所生活の後に帰国した元フランス軍兵士が管財人に比較的多かったのは、彼らの再就職が困難であったからである。(13) フランス全体で任命された管財人の総数は七八三四人であった。(14)

こうした人びとにとって、アーリア化に関わることは、生計を立てることだったり、単なる仕事だったり、イデオロギーの問題だったり、さまざまであったが、ユダヤ人にとっては管財人がナチ政策のもっとも身近な執行者であることにかわりはなかった。フランスにおけるユダヤ人の富は北部のパリ周辺に集中しており、ここにはフランス上流階級に属す裕福な者もいたが、少なからぬ部分は近年東欧からフランスにやって来た貧しいユダヤ人たちであった。皮革・毛皮、衣類の縫製などが資本を持たぬ彼らの典型的な職業で、彼らの「会社」とは自宅が作業所でもあるような小規模経営であったので、管財人により事業の清算が決定され、作業所が閉鎖され、工具やミシンさえ競売にかけられるということは、生きていく術を失うことと同じであった。

一九四〇年の秋、占領された北部において緩慢にはじまったアーリア化は、翌年夏以降、自由地区にも拡大される。まず、その前段階として、一九四一年三月、ヴィシー政府内にユダヤ人にかかわる事柄全般を担当する「ユダヤ人問題委員会（ＣＧＱＪ）」が設けられ、その長に反ユダヤかつ反ドイツで知られたグザヴィエ・ヴァラが着任した。この後、六月に管財人監督局はユダヤ人問題委員会へ統合され、ユダヤ人問題委員会は反ユダヤ法の制定のみならず、管財人の任命も行なうようになる。そして一九四一年七月二二日、ヴィシー政権みずからの決定で、ついにアーリア化が自由地区にも導入されるのである。

自由地区へのアーリア化拡大の背景には、さまざまな要素がある。たとえば、一九四一年五月末に占領地区と自由地区の行き来の制限が緩和されたため、ユダヤ人が財産を自由地区へ移すのではないかと危惧されたこと。フランス全土でアーリア化を実施することで、ドイツの法律が撤回されるのではないかという希望的観測があったこと。さらに、この時期にはユダヤ人財産の売却益を管理し、ドイツに奪われないようにする必要が出てきたことなどである(15)。

最後の売却益の管理という点をみると、ユダヤ人財産の売却代金は、一種の国営銀行である供託金庫（Caisse des dépôts et consignations）に、ユダヤ人の名義で「預け」られた。有価証券については、国有財産管理局（les Domaines）が管理した。こうした伝統的なフランスの国家機構がユダヤ人財産を管理したのは、ここならばドイツの強奪を防げると考えたからであった。実際、小規模な会社の売却は、ドイツ側の許可を得るまでもなく、フランス側がみずからの権限で行なっていた。売却益の一〇パーセントは、ユダヤ人問題委員会に支払われ、アーリア化の事務処理費用とされたり、貧しいユダヤ人の福祉業務のために、「フランス・ユダヤ人総同盟（ＵＧＩＦ）」に回されたりした。[16]「フランス・ユダヤ人総同盟」とは、「ドイツ在住ユダヤ人全国連合」のフランス版とも言えるもので、国内のユダヤ人を強制的に総括する団体であるが、財産を奪われて貧困化したユダヤ人の世話を、ユダヤ人社会から捻出された金でまかなうという、強制された相互扶助は、ドイツにおいて見られたものと同じである。

このように、アーリア化におけるフランスの関与は現実のものであった。確かに占領地区においては、アーリア化の最終権限はドイツ軍政府が握っていたが、自由地区においては、フランス行政はドイツの干渉なしでアーリア化を実施・監督したのである。ただ、フランスの限定的な主権が確保されていた自由地区も、一九四二年一一月にドイツ軍により占領され、フランス全土がドイツ支配下に入ってしまうのではあるが。

では、フランス人はアーリア化の積極的な受益者であったのだろうか。この問いは慎重に検証されねばならない。まず、「アーリア化」というその言葉自体が語るように、これはドイツがその人種的イデオロギーとともに持ち込んだものであった。どの国にも、ユダヤ人の苦境につけ込んで私欲を満たす人間はいた。たとえば管財人がみずから管理するユダヤ人物件を購入することは禁じられていたが、縁故者に売ったり、密かに自分で買い込んだりした者もいた[17]。しかし、市民はユダヤ人の財産の購入には一般的に慎重であったようだ。まず、その「合法性」に疑念があったため、アーリア化による競売に人が群がることはなく、実際、物件もかなり売れ残った。なかでも、アーリア化を法的に「既成事実化」させる人びとであるところの公証人は、問題が起こらないよう非常に厳格な手続きをとり、なかにはユダヤ人財産を購入しないように助言する者もいたのである[18]。ただ、ドイツにより経済的に搾取されたフランスでは、市民がアーリア化に投資する金銭的余裕がなかったというのも事実だろう[19]。

こうした結果、財産に管財人が任命されていても、アーリア化が完了しないままフランスの解放を迎えることが多かった。占領地区でアーリア化手続きが開始された件数は四万二〇〇〇件、これに対して自由地区では七九〇〇件あったが[20]、占領地区では、アーリア化の対象物件の約六割が、売却・清算されないまま、もしくは手続きが終了せずに、解放時に管財人のもとに残されていた[21]。つまり、戦後、財産のスムーズな返還が可能であったということだ（もちろん、所有者が生存していたらの話だが）。

フランスにおいて、解放以前にアーリア化された財産の総額は、六五億から七〇億フランの間であったとされる[22]。

美術品から家具まで——ローゼンベルクの特捜隊

西ヨーロッパへの侵攻は、ドイツの略奪に新しい地平を開いた。ヒトラーをはじめナチの首脳陣は、彼らの「趣味」に合う美術品の収集家でもあった。ドイツ軍の威勢を借りて、ナチ首脳陣の委託を受けた美術商やキュレーターが、ヨーロッパ中で古典作品を買い漁っていたが、特に芸術の街パリには垂涎の的となる美術品がたくさんあった。くわえてロートシルト（ロスチャイルド）家のパリ分家のように、名だたる美術品収集家には裕福なユダヤ人が少なくなかったのである。したがって、占領を開始したドイツ軍が施行した最初の法律のひとつが、美術品の「保護」に関するものであったことは驚くに値しない。[23] もちろん、ここでの「保護」とは、美術品を持って逃げたり隠したりしないよう、差し押さえることを意味していたが。こうした美術品収集（＝略奪）の役割を担っていたのが、ナチ・イデオローグであるアルフレート・ローゼンベルクが指揮する「特捜隊（ＥＲＲ）」であった。[24]

略奪美術品の最良のものが、ヒトラーとその取り巻きの手に渡ったのは言うまでもない。選定には優先順位があり、最初はヒトラー、次にゲーリングと続き、ドイツの美術館には要人が選んだ後の残りが回されてきた。ヒトラーは生まれ故郷のオーストリア、リンツに美術館を作り、そこに各地から集めてきた作品を展示しようと考えていたのだ。

ローゼンベルク特捜隊は美術品だけでなく、ほかにもさまざまな文化財の略奪に関与した。たとえば図書、トーラー（ユダヤ教徒の聖書）、ユダヤ人共同体の記録、公文書などである。「己の敵を知る」という観点から、ナチは彼らなりのユダヤ研究に熱心であった。イデオローグとしてのローゼンベルクは、ナチのエリートを養成する大学の設立も任されていたので、書物の収集は重要な任務であった。その一環として、一九三九年にフランクフルトに設立された「ユダヤ人問題研究所」に、ヨーロッパ中のユダヤ教文献が集められた。パリからは四万冊を有する「世界ユダヤ連盟（ＡＩＵ）」の図書が、またロートシルト家が所有する一七ヶ所の図書館の蔵書が持ち去られた。一九四五年、アメリカ軍が「ユダヤ人問題研究所」のコレクションを差し押さえたとき、その蔵書は一五〇万から二五〇万冊にものぼったと推定されている[25]。

それだけではない。さまざまな銀製の宗教道具、シナゴーグの装飾品、安息日の上等な銀のナイフやフォークまで、大量に集められた。銀製品は溶解して金属を扱う業者に売ることができた。ヒトラーはユダヤ人が「根絶」された暁には、「絶滅した人種の博物館」なるものを作り、ここにヨーロッパ各地から略奪したユダヤ文化財を展示しようと考えていたとされる。

ローゼンベルクの特捜隊は、最初はもっぱら美術品や文化財の収集に関わっていたが、徐々に家具の略奪へとその範囲を広げていった。それは、独ソ戦の開戦で、ローゼンベルクが東欧のドイツ占領下の地域を管轄する「東部占領地域省大臣」になったため、支配地域で業務を行なうのに必要な家具を求めたのである。こうして一九四二年頃より、フランスを中心に、オランダ、ベルギーなどでも家具が集められるようになった。特捜隊による家具の略奪は、「家具作戦」と呼ばれ、この作戦の標的は第一に、ヴィシー政権下の南フランスの自由地区へ逃亡したユダヤ人の住居であった。また、ユダヤ人住人が収容所送りになり、空いているアパートも対象となった。そして連合軍によりドイツの都市が爆撃されるようになると、焼け出されたドイツ人に家具を配布する必要が出てきたため、略奪の規模も拡大し、特捜隊は家具収集の実行部隊と化したのである。

作戦の遂行は、次のような手順で進んだ。

ある日、特捜隊員が通訳を伴ってアパートの管理人の前に現われ、ユダヤ人のアパートを差し押さえる。この際、特に令状はない。彼らは、家具から食器類まで、中にある家財道具一切を列挙し、個数まで記入したリストを三部作る。それが終わると、アパートの入り口は紙テープや蠟などで封印される。封を破れば、誰かが中に入ったことがわかるし、実際に潜伏中のユダヤ人が家に戻ることもあった。

興味深いのは、差し押さえの際、作戦関係者は、アパートの住民に対して不安を与えないよう、「礼儀正しく」振舞うよう指示されていたことである。フランス語の通訳も悪い印象を与えないように、ひげは剃り、背広を着用し、清潔な身なりで同伴するように指示されているほどだ(26)。このあたりに、西欧と東欧の住民に対するドイツの態度の差、その人種的イデオロギーが透けて見える。東方の占領地域で、ドイツ軍が住民を丁重に扱うことはまずなかった。

さて、アパートが封印されると、後日、荷物を運び出す部隊がやってくる。部隊長はリストとつき合わせて紛失物の有無を確認しながら、現地の引っ越し業者が家具類を運び出す。運び出された家具の目録も、占領軍がフランス市民から徴発する際にもらう領収書も、発行されない。一九四三年九月の報告には、当時パリだけでもアパートの差し押さえに一五から一八の部隊が、家具の運び出しに三五の部隊が毎日出動していたと記されている。[27]

こうして、大型家具から絵画、写真立て、鍋、食器類などの小物まで、大量に集められた家財道具は、パリの北駅や東駅から貨物列車でドイツ帝国内へと運ばれた。時にはパリ市民のために家具が分配されることもあった。フランスもイギリス軍の爆撃を受けたからである。

しかし、略奪品はあまりにも無造作に木箱に積み込まれたため、ドイツに到着したときにはすでに壊れていて使い物にならないことも少なくなかった。また、パリの貧しいユダヤ人の住宅から押収された絵画や壁掛けなどは、焼け出されたドイツ市民の新居を飾るにはあまりにも「趣味が悪いうえ不潔」なので、これほどの物的・人的資源を投入してガラクタをドイツに送るべきでないと、「家具作戦」の関係者がベルリンに陳情したほどであった。[28]

一九四四年八月までに、フランス・オランダ・ベルギーの三国で約七万のユダヤ人住宅が押収され、約一〇〇万立方メートルの家具が、約二万七〇〇〇の貨車を引いた六七四本の列車で、ドイツへと運ばれたのであった。[29] 他方、これらの住居の主であったユダヤ人の運命はというと、フランスからアウシュヴィッツなどへ送られた七万五七二一人のユダヤ人のうち、生還したのは二五六六人だけであった[30]。

前線の背後で

西から東へと目を向けると、一九四一年秋は、本格的なホロコーストのはじまりを告げた年であった。

一九四一年六月二二日の独ソ戦の開戦で、ソ連領内に侵攻したドイツ軍の背後における略奪は、ある点で決定的に異なっていた。ドイツ国内や保護領でのユダヤ人財産の剝奪は段階的に進み、ユダヤ人の定義、財産の収用、強制収容へと移行した。占領されたポーランドにおいては、ゲットー化と財産剝奪がほぼ同時に進行したが、それでもユダヤ人の貧困化と殺害との間には期間があった。だが、独ソ戦前線の背後では、収奪は多くの場合、「死」と直接に結びついていたのである。

歴史家の栗原優によると、ヒトラーは一九四一年八月半ば以前にユダヤ人の絶滅命令を口頭で下し、この方針はヒムラーが八月半ばに東部前線を訪問した際に現地に伝えられた[31]。それまでは、即刻処刑が命じられていたのはユダヤ人のなかでも共産党委員（コミッサール）であったが、これ以後は非戦闘員でも、つまり女、子どもすべてが殺害対象となり、これを免れるのは強制労働に投入される一部の人間だけとなった。ここでは、人をゲットーや強制収容所へ収容して労働と財産を吸い上げるという中間的な段階が可能なかぎり短縮され、侵攻・略奪・虐殺が、ほぼ同時進行したのである。

「死」が条件となる収奪とは、どのようなものだったのだろうか。

まず占領軍は、兵士や士官の宿舎を確保し、支配機構を整備するために、ユダヤ人の住居を占拠し、家具などを徴発した。ドイツの侵攻前にソ連内部へ逃れたユダヤ人の家が空いていた。国際法上（一九〇七年のハーグ陸戦条約）、戦時下の私有財産の略奪が禁止されていることは知られているが、占領軍による「徴発」は、条件付きで認められている。条件とは、物品の調達においてはなるべく即金で支払うこと、それが不可能な場合は領収書を発行し、速やかに賠償することである。(32) もちろん、占領軍がユダヤ人に領収書など発行しなかったことは言うまでもない。

ただ、ソ連の西部周縁地域のユダヤ人の財産状況には、地域差があったことを指摘する必要があるだろう。なぜなら、もともとソ連邦を構成していた地域のユダヤ人の場合、共産主義体制の下で私有財産は制限され、また農業の集団化もあって、個人財産は小さなアパートや身の回りの品に限られた。ユダヤ人共同体のシナゴーグや学校、病院といったものも国有化されている。したがって、これらの地域ではユダヤ人から奪えるものは、せいぜい家の中にあるもので、家具、衣類、シーツ、日常品の類い、小さな家畜といった程度であった。(33) これに対し、一九三九年の秘密合意の結果、ソ連が併合したバルト三国や西ウクライナなどでは、所有の共産化はそこまで徹底されておらず、ユダヤ人はまだ多少、財を有していたのである。

占領が確実になると、前線周辺は国防軍の直接の指揮下に置かれたが、その後背地帯では軍政から民政へと移行した。この時には、ユダヤ人の運命は、ゲットーか死かという、二つにひとつしか残されていなかった。むしろ、大量殺害はゲットーの設立に先んじ、すぐに殺されなかった者を収容するのがゲットーであったのである。ここで殺戮の実行部隊であったのが、「行動部隊《アインザッツグルッペン》」と呼ばれた三〇〇〇人ほどの移動銃殺部隊であった。行動部隊は制圧された地域のユダヤ人を狩り立て、近くの森や谷で彼らを殺した。ホロコーストの死者六〇〇万人のうち一二〇万人ほどは、機械的なガス殺ではなく、銃殺という、いわば「手で」殺されたのである。

逆に、まだ生きているユダヤ人から金品を奪う効果的な手段は、現地に設けさせた「ユダヤ人評議会（Judenrat）」に対してさまざまな名目で「税」や「罰金」の支払いを要求することであった。その際、評議会の人間を人質に取るといっそう効果的であった。指定した額の現金もしくは貴重品を持ってこなければ、処刑すると脅すのである。

たとえばリトアニアのヴィリニュスは、一九四一年六月下旬にドイツ軍に占領された。当地のユダヤ人評議会は、八月六日に二〇〇万ルーブルを翌朝九時までに差し出すように、そして同日の夕刻までに追加の三〇〇万ルーブルを持参せよと命令された。評議会のメンバーは、ユダヤ人の家々を回って金品集めに奔走することになる。期限延期と減額を求める交渉の末、約一五〇万ルーブルと指輪など一六・五キロの金、一八九個の腕時計が差し出された。[34]恐喝による没収という事例は、ウクライナやベラルーシでも報告されている。[35]

略奪は、特にゲットーが解体される混乱の中で多く発生した。なぜなら、そのすぐあとに犠牲者は処刑される運命にあったからである。こういった際の収奪の実行者は、もちろん親衛隊員であることもあったが、ドイツ通常警察に属す男たちであるかもしれなかった。

戦争において警察は、占領地域の治安維持を受け持つ組織として重要性を増し、多くの警察大隊が投入された。その規模は、一九四〇年八月の時点で二四万五〇〇〇人を数え、[36]その後、増加の一途をたどった。ドイツ人警察隊員は、平時ならばドイツの町で通常の警察業務をしていたような人たちだが、占領地では親衛隊、武装親衛隊などとともに、ホロコーストの実行に関わるようになっていた。

以下は、ベラルーシのスルーツクで、一九四一年一〇月、ユダヤ人がドイツ通常警察とリトアニア補助警察によって「一掃」されたときのドイツ側の報告である。

……警察大隊員たちは、長靴や革製品、衣類、金、その他の貴重品など、役に立ちそうなものは何でも取り上げました。国防軍兵士の報告によれば、表通りの公衆の面前で、ユダヤ人の腕から時計が抜き取られ、指輪もきわめて乱暴に指からもぎ取られました。ある年長の会計係の報告によれば、あるユダヤ人の少女は、警察から、すぐに五〇〇〇ルーブル持ってくればおまえの父親を釈放してやると言われて、その金を求めて町中を走り回ったそうです。またゲットーのなかでも、ユダヤ人の財産を収め、行政当局によって釘づけされた仮小屋が、警官によって侵入され掠奪されました。[37]

こうしたゲットー掃討作戦の後、ユダヤ人は近くの森や谷で銃殺されるが、収奪は、文字通り最期までついて回った。一九四一年九月末、ウクライナのキエフ近郊にあるバビ・ヤール渓谷で、行動部隊により二日間の間に三万人を超えるユダヤ人が銃殺された時の様子を、犠牲者の所持品の搬出を命じられていたドイツ人のトラック運転手が次のように証言している。

私はよく見ていたのです。……到着したユダヤ人――男、女、子どもら――がウクライナ人〔現地の対独協力者〕たちに出迎えられ、先導されて途中でいくつかの場所に立ち寄ったのですが、そこでまず荷物、ついでコート、靴、上着を次々と引き渡し、それから下着も脱がなければならなかったのです。同様に所定の場所で貴重品も手放さなければなりませんでした。衣類ごとにものすごい山ができていました。[38]

キエフのユダヤ人に出頭命令が出されたとき、彼らは表向きにはソ連内陸部へ強制疎開されることになっていたので、みな身分証明書などの書類や、金銭、貴重品、ならびに防寒服、下着などを持参していた。

万事は非常に速やかに運び、ぐずぐずしている人がいるところでは、ウクライナ人の足蹴りや鉄拳が飛んできて、進行を後押ししていました。一人ひとりがコートを引き渡してから完全に裸の状態になるまでには、一分もかからなかったと思います。(39)

処刑のあとには残された所持品の分別作業が待っていた。脱衣のポケットなどに金目のものが縫い込まれていないか探し、集められたものの中から紙幣をより分け、しわを伸ばすのである。銃殺を実行したあるドイツ人は言う。

総額で数百万はあったと思う。その金がどうなったか、私は知らない。袋に詰められ、どこかに送られた。(40)

略奪品は、どこに行ったのか。

現地通貨や不動産、家畜、衣類、その他の日用品は、ドイツの占領管理に使われたり、売られたり、主に現地で消費された。しかしこれはあくまで「正規のルート」による処分法であり、殺害に関わった警察隊員が横領して闇市に流したり、現地の協力者への「報酬」にもなった。

ルブリン・ゲットーが一掃された後、運び出された家具。
（USHMM, #73202）

さらに、「民族ドイツ人」と呼ばれる、現地のドイツ系住民に優先的に配られることもあった。殺された人が着ていた衣服は、たいてい町へ運ばれ、仕分けされ、洗濯されて、まだゲットーに残っているユダヤ人に与えられた。そうした洗濯屋で働かされていたのもユダヤ人であり、彼らは血に染まった服から、自分の家族がもはや生存していないことを知ったという[41]。

これに対してドルやポンドの外貨や宝石、時計、金・銀など貴金属は、国家保安本部（RSHA）や親衛隊の経済管理本部などを経由して、最終的にはベルリンの帝国銀行に送られた。行動部隊の史料から、ドイツ帝国内へと流れこむ犠牲者の財産の痕跡を追うことは、部分的ではあるが可能である。たとえば、バルト地方で活動していた行動部隊Aは、一九四二年一月に一五〇の箱や袋で三万二四四六個の物品をドイツへ送っている。これらはラトヴィアのユダヤ人を「始末」した際に集められたもので、そのなかには、五〇〇〇個を超える男性用腕時計、一五・五キロの金の結婚指輪、六・五キロの金のイヤリング、六一個のダイヤモンド、九・三キロの金のネックレス、そして〇・五七キロの金歯が含まれていた。ユダヤ人の家庭から奪われたと断定できる無数の銀製の食器類も入っていた。また、先のバビ・ヤール渓谷での殺害の際に集められたものの一部と思われるが、キエフから一九四一年一〇月初頭、指輪が三〇〇個以上、時計が一〇〇個以上送られてきた[42]。

指輪などの宝石はそのまま国営の質屋で売られたり、金・銀の場合はベルリンの造幣局で溶解されて、スイスなどの中立国に売られることもあった。売り上げは、たとえば、「マックス・ハイリガー（Max Heiliger）」、つまり「聖人マックス」を意味する、架空の人物名義で開設された帝国銀行の口座に入れられた。帝国銀行には他にも略奪財産を預け入れる秘密口座があり、このような口座から戦争経費への転化がなされたのである。金《かね》の一部は、占領地の行政機構の予算として、再び現地へ還流された。ただし、ユダヤ人収奪によって生み出される資金は、占領支配のための予算の一～三パーセント程度にしかならなかったという(43)。

協力者・便乗者・傍観者

ユダヤ人財産の受益者は、ナチのドイツ人とは限らなかった。そこには、東欧におけるホロコーストのもうひとつの顔がある。

行動部隊とともに殺戮に参加しているのは、現地人による補助警察部隊である。ウクライナ、ベラルーシ、バルト三国では、ドイツ軍による占領後、ヒムラーの命令により、ドイツ人の警察大隊の補助を行なう人員が現地人の間で徴募された。当初これは志願制であり、つまり彼らは占領地の対独協力者である。

補助警察部隊の仕事には、ユダヤ人の一斉逮捕に参加し、処刑場へと引き立てて、殺害を実行することが含まれていた。ドイツ人はそれを監督・指揮する立場にあり、集団銃殺の際に、穴が死体でいっぱいになるまで引き金を引き続けたのは、むしろ現地の協力者であった。現地人の補助警察は数のうえでもドイツ人の警察より多く、占領地の補助警察部隊は、一九四四年の時点で二〇〇部隊を数えたのである。彼らは、行動部隊について占領地を移動することもあった。たとえばリトアニア人の補助警察隊は一九四一年夏の時点で一万六〇〇〇人を擁し、リトアニア内では一七部隊、リトアニア外では六、七部隊が活動し、ドイツ人の行動部隊らとともに移動して、ポーランド、ウクライナ、ロシア、ベラルーシなど、実に広範囲な地域で殺戮にかかわっていたのである[44]。

元来、ナチの人種理論はスラヴ人など東欧の人びとを劣等人種と見なし、ドイツ人による支配を正当化するものであった。では、不平等な関係が前提とされていながら、なぜ占領者に対して協力する現地人がいたのだろうか。

その背景には、これらの地域の複雑な民族関係と、ソ連への敵意があるだろう。ウクライナ、ベラルーシの西部は、独ソ不可侵条約の秘密議定書によりソ連に併合されたポーランド東部に含まれた。ソ連による併合後、反ソ連の独立派、民族主義者、富裕層、インテリなどがソ連内地へ流刑にされた。一方、バルト諸国は第一次世界大戦後に勝ち取った独立を、一九四〇年にソ連への併合で失った。同じように、特定の層が流刑にされた。肉親を連行された者は、もちろん強い反ソ感情を抱いていた。

ここにおいて、非ユダヤ人住民の間では、ユダヤ人は共産主義者であるという理解があった。なぜなら、ソ連による併合を歓迎したユダヤ人は少なくなかったからである。実際には、ユダヤ人も多くソ連内地へ流刑になったのだが、共産党支配下で警察官などの公務員に採用され、社会的地位を向上させたユダヤ人は、ソ連支配の受益者であると見なされていた。

このような背景から、反共産主義・反ユダヤ主義を掲げるドイツ軍に、親近感を感じる者は少なくなかった。彼らにとってドイツ軍は、ソ連支配からの独立をもたらす解放者であった。現にウクライナやリトアニアでは、到着するドイツ軍を歓喜して迎え、ドイツ軍の到着と同時に、時にはドイツ軍が到着する前に、現地人による大規模なポグロムも発生している。

また、政治的な理由でなくても、生活の糧を求めて占領者に引き寄せられていった人間もいた。その背景には、ソ連支配下での経済事情があったと思われる。ソ連に併合されたポーランド東部では、経済の無策により食糧難が深刻化し、ドイツに編入されたポーランド西部から逃げてきたユダヤ人難民が、ソ連支配下での生活環境のひどさに、ドイツ占領下へ戻っていくという現象さえ見られたほどである。さらに独ソ戦がはじまると、ソ連はドイツにいかなる資源、食糧も渡すまいと、大規模な人民と資源の撤退を行なった。発電施設や穀物など、運送しきれなかったものは、敵を利することがないように、焦土戦術により破壊された。

こうしたなかで、ドイツ軍によって雇用されている間は、少なくとも食べ物に困ることはないと思われたし、収入もあった。戦闘で死亡しても、家族には年金が出た[45]。また、占領者にすり寄るさまざまな特権があった。ゲットー掃討の際に「戦利品」のおこぼれにあずかること、処刑されたユダヤ人の所持品を横流しすることも含まれていただろう。補助警察においては、彼らの反共・反ユダヤ主義は、彼らをして対独協力へ向かわせるに十分であったが、物欲は本来は殺害の傍観者で終わったかもしれない人びとを、積極的な協力者にしたのである。しかし、戦時下であるとはいえ、またどのような物的見返りがあったとはいえ、彼らは殺人の幇助という汚れ仕事に手を上げた男たちであった。補助警察志願者の多くは、地元では評判の良くない「ごろつき」の類いが多かったというのも納得がいく。(46)

こういった現地協力者の場合、犠牲者のユダヤ人を個人的に知っていることがあるという点において、また、現地の地理や人間関係など、新参者のドイツ人にはわからないことを熟知しているという点において、ここにおけるホロコーストは機械的、官僚的な大量殺害ではなく、もっと身近な、それゆえにさらにグロテスクなものであった。それは具体的には、ユダヤ人でないふりをして身を潜める者を識別することであり、森へ逃げたユダヤ人を土地勘を頼りに追跡して「始末」することであり、子どもだけでも助けてほしいと現地語で、つまり自分と同じ言葉で、嘆願する母親を殴り倒すことでもあった。そこでは、それぞれの死は人間の顔をしていた。

そして、ユダヤ人排除の積極的な受益者の後ろには、間接的な受益者、いわば便乗者としての現地住民がいた。ユダヤ人が郊外で銃殺されているその間に、町や村では、ユダヤ人が連れ出されて空になっている家々に住民が押し入り、物を持ち帰った。ドイツ人は出払ってしまったし、現地の警察もユダヤ人の連行に駆り出されていたからだ。

占領軍の徴発や略奪により現地の非ユダヤ人住民もさまざまな損害を被っていたから、こうした行為はむしろ埋め合わせでもあったかもしれない。また、農民主体の貧しい国で、突然流通しはじめた物品に平常心を失ったのかもしれない。もっとも、ヒトラーとスターリンの密約により、広範囲な地域がソ連に組み込まれたときに、伝統的な社会や人間関係は崩壊してしまっていた。戦争の暴力は、一時的にせよ、人びとのモラルを低下させる。こうした自然発生的な略奪は現実として発生していたから、ドイツ行政機構は現地の自治体に、一部のユダヤ人財産の処分を許可することもあった。

たとえばキエフでは次のような例が報告されている。一九四一年一一月、市長が住民に対して、家具や衣類など、略奪したユダヤ人財産を届け出るように促した。これに違反する者は厳罰に処されるが、届け出た者で、引き続き略奪品の保持を望む者は、市が財産の査定を行ない、これを市から購入するという形で所有を許された。購入を希望しない場合は市に返還し、市は再びこれを売りに出した(47)。

ここにおいては、ユダヤ人の財産を介した一種の共犯関係が生まれていた。殺害に直接には関わっていなくても、不在となった人の家に住み、家具を使い、財産の再配分に組み込まれた人間は、間接的な受益者となる。所有の継続、つまり現状維持という共犯関係に絡め取られていくのだ。

「ポナリ日記」

現地のナチ協力者にとっては、ユダヤ人の収奪はあくまでも殺害の随伴現象だったのか、逆に物欲が彼らを殺害に駆り立てたのか、またそのどちらでもあったのだろうか。この点を問いかける貴重な記録が残されている。

現リトアニアの首都ヴィリニュス（ポーランド語はヴィルノ。イディッシュ語、ドイツ語はヴィルナ）は、「北のエルサレム」とも呼ばれ、正統派ユダヤ教徒の宗教的中心地であった。ドイツの侵略前夜、街には約八万人のユダヤ人が暮らしていた。

ヴィリニュスから南へ一〇キロほどいった森林地帯、ポナリ（ポーランド語。リトアニア語はパネレイ、ドイツ語はポナーレン。ここではポナリで統一）にはソ連軍の使用する飛行場があり、飛行機の燃料を保管するために掘った穴がいくつもあった。穴の大きさは、直径が一二メートルから三〇メートル、深さが五メートルから八メートルほどで、複数の穴が相互にパイプで結ばれる予定であった。敷地一帯は有刺鉄線や柵などで囲まれていた。ヴィリニュスは一九四一年六月二四日、ドイツ軍により占領され、退却するソ連軍は穴をそのまま放置した。

一九四一年七月から一九四四年四月にドイツ軍が退却するまで、ポナリでは約七万人のユダヤ人が銃殺された。ユダヤ人以外の人間も殺された。ポーランド人のインテリゲンツィア（知識人）、共産党員、ソ連軍戦争捕虜などを含めた死者総数は一〇万とされる。犠牲者は穴の縁に立たされ、一斉射撃を受けた。死体は穴に転げ落ち、端から順に死体で埋まっていった。一日の処刑が終わると、死体の山には薄く土がかけられた。翌日、その上にまた死体が積み重なっていった。虐殺を指揮したのは、行動部隊B配下の組織である。しかし、実際の処刑を行なったのはドイツ人よりもむしろリトアニア人のナチ協力者であった。銃殺は一九四三年末まで続いた。ヴィリニュスのユダヤ人社会は壊滅し、文字通り、ポナリはその墓場となったのである。

この大量銃殺を目撃し、記録にとどめた人物がいた。ポーランド人ジャーナリスト、カジミエシ・サコーヴィチである。ヴィリニュスは、戦前はポーランド領であった街で、ここには相当数のポーランド人も住んでいた。サコーヴィチはそのようなポーランド人のひとりで、ヴィリニュスの街中からポナリの小屋に移り住んでいたのであった。

一九四一年七月一一日に最初の銃声を聞いて以来、サコーヴィチはそこで見たもの、聞いたことをひそかに記録しはじめた。小屋の屋根裏からは穴での銃殺が見え、また木々にさえぎられて処刑の様子は見えなくても、森に響く銃声から何が起こっているか察することができた。小屋は幹線道路に近く、犠牲者を運んでくる車やトラックが見えた。またポナリには鉄道の路線があった。サコーヴィチは、連れてこられた人間の数を数え、それがユダヤ人なのかポーランド人なのかを記し、また彼らの最期の様子を紙切れやカレンダーの空白部分に書き留めた。彼は紙切れを瓶に詰めて栓をし、地中に埋めた。

サコーヴィチの記録は、「死」の記録であり、「収奪」の記録でないことは言うまでもない。しかしこれは、殺害と物欲の相関関係を、もっともグロテスクな形で伝えている。以下はその日記からの引用であるが、ここでは殺されたユダヤ人の所有物に関連する部分だけを抜粋した(48)(丸カッコ内はサコーヴィチ本人。〔 〕内はすべて筆者。人名・地名は、日記の表記をポーランド語読みでカタカナに直した)。

＊

〔一九四一年〕七月一一日

とてもよい天気だ。暖かく、白い雲が浮かび、風もある。森から銃声が聞こえる。……午後四時頃だ。銃声は一、二時間続く。グロドノへ向かう道のところで、たくさんのユダヤ人が森へ追い立てられているのがわかった。それで突然撃ったのだ。今日は最初の処刑の日だ。ひどくいやな感じだ。……

次の日、七月一二日の午後三時頃に、三〇〇人ほどのユダヤ人の集団が森の中に連れて行かれたときには、もう何が起こっているかはわかった。その多くはインテリで、よい身なりで、スーツケースを持っている。裕福な人たちだ。一時間後に射撃がはじまる。一回で一〇人ずつだ。コートや帽子、靴を脱がせている（ズボンはそのままだ！）……

撃っているのは射撃者連盟の若造たちだ〔射撃者連盟（Šaulių Sąjunga）とはリトアニアの国粋主義的・反共的な準軍事組織で、ドイツの侵攻後、対独協力者が多く出た〕。一七から二五歳といったところか。

七月二三日

よく晴れた日だ。五〇〇人ほどが連れてこられた。夜まで処刑が続く。……七月一四日から、下着だけにされている。服の売買が盛んだ。グロジェンカの踏み切り近くに、グラレ村から引いてきた荷車が見える。

小屋が衣服の集積場になっていて、まず袋に入れられてから持ち出される。かき入れ時だ。服を一〇〇ルーブルで買って、内に縫い込まれた五〇〇ルーブルを見つけるというわけだ。射撃者連盟の男が、時計や金やらでふくらんだリュックサックを背負っている。かき入れ時だ――ウオッカ一本あれば服と交換できる。

八月

八月一日と二日、三〇〇人を超える人間が銃殺された。〔リトアニア人射撃者連盟の〕キェイジクは、ヴェレシュコの家に落ち着いた。服は人目に付かないよう、夜九時以降に持ち出される。この時間は〔外出禁止で〕外に出られないからだ。連中はうちのそばを通る。そのひとりに、背中の袋の中のジャガイモを売ってくれないかと聞いてみた。男は何も答えずにヴェレシュコのところへ向かう。キェイジクはポナリに住むポナスやシャピロといったユダヤ人を恐喝している。ポナスの家では、ラジオを盗んだし、聞いたところでは、他にもたくさん盗んだそうだ。武器の家宅捜査だとか言って家に押し入り、服などを持って帰るのだそうだ。ドイツ人にとって三〇〇人のユダヤ人は、三〇〇人の人類の敵のことだ。リトアニア人にとっては、三〇〇足の靴やズボンのことだ。……

九月二日

……ヤンコフスキの話では、射撃者連盟の連中は撃つ前に男や女たちをひどくいたぶるのだそうだ。男たちは女とは別に撃たれる。女たちは下着だけにさせられる。いろんなものを持っている。毛皮だとか、貴重品だとか。ゲットーに行くと思い込まされたからだ。リトアニア人の部隊長が、女物の毛皮をはおったまま道路へ出て行った。酔っ払っている。……

九月三日と四日は、女物の服がなんと盛んに売り買いされたことだろう！……

リトアニア人はたくさん金目のものを手にしたが、それはゲットーに「送られた」ユダヤ人は、何でも持っていってよいと言われたからだ。だから女たちは貴重品や防寒服などを持ってきた。リトアニア人の女が、服をもらいにやって来た。

一〇月二五日

村人がリトアニア人のところにウオッカと交換で「ユダヤ人のボロ着」をもらいに行ったら、袋いっぱいくれたそうだ。袋はひどく大きいし重い。農民は変に思って、近くの森で袋を開けて中を確かめてみた。服の下に死んだユダヤ人が入っていた。農民は死体をコケの下に隠した。袋を与えたリトアニア人は、早くうせろと怒鳴る。道端にいた労働者が、農民が茂みの下に何か隠したのを見て、農民がいなくなるのを待ってコケをどけて、死体を見つけたそうだ。……

一一月二一日

また女と子どもたちが連れてこられた。男は二、三人だ。殺される間、森に銃声が響いていた。ライフルを持った射撃者連盟の男がひとり拠点を離れて道路に出てきて（金曜日は市場の立つ日だった）、女物の服を売りはじめた。オーバーが何枚か、ワンピース、ゴムのオーバーシューズ。ネイビーブルーと茶色の最後のコートを一二〇ルーブルで売ると、「おまけ」でゴムのオーバーシューズ一足つけてやる。農民（スタレ・ミエンジィジェチェから来たヴァツワフ・タンクンだ）が家内のために何かないかと聞くと、男は「待っていてくれ」と答えた。奥さんと服のサイズが同じようなユダヤ女を「選ぶ」から、という。

タンクンとその女房は怖くなって、男が行ってしまうとすぐ逃げ帰った。射撃者連盟の男は服を抱えて戻ってきた。男は「わざわざ」農民の妻と同じ背格好のユダヤ女を〔処刑の〕四列目から選んでやったのに、「田舎もの」がいなくなりやがったと腹を立てていた。

一九四二年七月二日

……〔森に逃げた者を追跡し処刑する〕銃声は一〇時半ごろ止み、車は〔町へ〕戻っていった。ルジンスキは五〇〇〇〇ルーブルで犠牲者の所持品を買ったが、その金はステニァ・クヴィアトコフスカ（シェニウンツォヴァ）から借りた。借金の形《かた》には、犠牲者の品々を渡し、なかには女物コートも入っていた。ルジンスキはそう言って、私を踏み切り近くの彼の家に招き入れた。彼は私に濃紺の宝石を見せた。石の裏側には、何かに固定してあったのだろう、黄色っぽい接着剤のあとがついていた。ルジンスキは、いくらになると思うかと尋ね、殺された人のコートのポケットに入っていたのだと言った。宝石はポケットの角に糸で結び付けてあったそうだ。他にはスエードの靴。殺されたのは背の小さな男だったのだろう、サイズも小さく、靴紐はなくてゴム止めで、その継ぎ目には「ハンドメイド」とあった。工場の既製品ではないのだ。他には、ゴム製のヒールの踵。あと見たのは、灰色の裏地のついた黒い羊皮のコート（しかし、夏なのになぜ革のコートなんて着ていたのだろう）。射撃者連盟の男たちは、時計と、女物のエナメル靴などは自分の取り分にした。やつらは小屋で朝まで飲み明かし、夜中の三時まで空に向けて発砲していた。……

一九四二年九月一〇日
よく晴れた日の夕方五時くらいだった。小屋にいたら、珍しく窓に目隠しをした車が来た。ドイツ人が誰かを拠点に連れて行く。ドイツ人はリトアニア人を拠点から追い出し、自分たちで男を撃って埋めた。ドイツ人が帰った後、リトアニア人は服を売るために死体を掘りおこした。ユダヤ人が殺されたのか、キリスト教徒だったのかはわからない。

一九四三年一月二八日
幹線道路から三台車が来た。刑務所から来た囚人の様子は疲れきっていてひどいものだ。何人か女が混じっていて、ユダヤ人の女もいた。リトアニア人が射殺したが、ドイツ人もいた。翌日、ヤンコフスキは甲の部分が硬いエナメル革の靴を売っていた。自分の靴だが、小さすぎるのだという。疑わしい。靴はかなり大きかったし、底革が張り替えてあった。第一、なぜ急に靴が「小さく」なるのだ。犠牲者の靴だからだ。……

一九四三年二月一八日
……男たちは服を着たまま撃たれた。リトアニア人は死体から服を脱がすと、服を雪をかぶった茂みの下に隠した。……女だけが服を脱ぐよう命令された。銃殺の後、ドイツ人があたりを点検したので、リトアニア人が茂みに隠したものをほとんど見つけてしまった。ドイツ人がひやかす。ヘルマナヴィチュスは女物の毛皮を詰め所のベッドの下に隠したが、これもドイツ人に見つかった。……毛皮の下には、上等な男物の背広が隠してあった。首の後ろにちょっと血がついてはいたが。ドイツ人は背広には気づかなかったので、ヘルマナヴィチュスは毛皮をトラックに運ぶ途中、ドイツ人が背を向けているすきに、背広をすばやく隠した。……

二月一八日の補足

今度は四二人銃殺された。……〔その後〕埋められたようだ。なぜかというと、リトアニア人が〔掘り返すために〕シャベルとつるはしを持って戻って行ったから。

一九四三年四月――審判の日(49)――

四月五日

……最初の穴の前に立つユダヤ人の集団が、服を脱げと命令される。リトアニア人やドイツ人の足元に崩れ落ち、すすり泣き、うめき、嘆願するが、連中はそれを蹴り飛ばして、一番しつこい者を撃つ。さんざん殴られたあと、穴から一〇メートルくらいの場所で服を脱ぐ。貧しい身なりの者は、服を脱がなくてもよい。そのまま穴に連れて行かれ、リトアニア人が横から発砲する。……

散乱する衣類とともに、下着をつけただけの三人のユダヤ人の男が最後に残っている。〔リトアニア人〕補助警察官が、ドイツ人が見ていないのをいいことに、服を藪の下に蹴り入れて隠す。ドイツ人の命令で、三人のユダヤ人が服の山に走る。そこに（実によく見えたが）隠れていた女を引きずり出す。二回ほど、これが繰り返された。最後には、自分たちが穴に飛び込む。発砲が三回。終わった。

いや、これで終わりではない。リトアニア人が衣類を積み上げるが、突然服の下に隠れていた子どもを見つけて、穴の中に投げ込んだ。もうひとり、またもうひとり。同じように、穴へ。穴の上に立ったリトアニア人が、子どもを上から撃つのが見えた。

これはどういうことだ。母親が必死で子どもを「救おう」と思って、服の下に隠したのだ。服が回収されるとき、隠れた子どもは助かるかもしれないと思ったのだ。かわいそうに。

……

四月五日の「審判の日」の補足（五月五日に書いた）

幹線道路にかかった橋の上の詰め所には、イェヴィア（ヴィエヴィス）出身のキェヴェリスという射撃者連盟の男がいた。その日、拠点から奇跡的に車で逃げた四人のユダヤ人のことが気になっていた。逃亡中の二人を見つけて、雪も降って寒かったが、キェヴェリスは

（その時は守衛所にひとりだった）ライフルを手に飛び起きて、下着のままで靴も履かずに、ユダヤ人を追いかけた。追いついて、ルドヴィノヴォ周辺で膝をついて二人を撃った。周辺の村人に、自分が戻るまで死体に近づくなと言い残して立ち去り、やがて服を着て戻ってきた。キェヴェリスはまずユダヤ人の服を脱がせたが、もちろんその前によくポケットを探し、そして村人の見ている前で、持ってきた金槌で死んだ男の金歯を叩き割って取り出した。誰かがこれは相当な金《きん》だ、と言うと、リトアニア人は売らないぜと答え、「俺のだからだ」と付け足した(50)。これが終わると、ランドヴァルフ近くのヴァカの地所からポナリへ向かう弁護士のシコルスキを偶然に見つけた。キェヴェリスは身分証明書を見せろと言い、差し出されたものを破り捨てると、茂みのほうに向かって歩けと命令した。シコルスキが三歩、四歩踏み出したところで、ルドヴィノヴォの農民たちの目の前で、後ろから撃って殺した。キェヴェリスは手提げかばんと財布を取ると、農民たちに、靴をやるから死体をすぐに埋めろと言った。……

四月六日（火曜日）

……犠牲者の身の回りの品が盗まれている。価値のあるものはドイツ人かリトアニア人の手に渡り、たいしたものではないとゲットーのユダヤ人警察がヴィルノへ持って帰る。……

リトアニア人補助警察官がユダヤ人の銃殺後にその所持品を売っている。(USHMM, #25736)

五月二九日（土曜日）

……「審判の日」以来、ポナリでは水は煮沸して飲む。血が混ざっているかもしれないからだ。……

八月二五日（水曜日）

……午後、射撃者連盟のグリグシュタス（やつは死体を埋める代償に、服をもらったようだ）が服を全部一万ルーブルで「卸売り」した。……

ヴィルノから列車が到着し（ヴィルノを夕方五時半ごろ出た）、別の射撃者連盟の男が小屋で「あんなにいい商品」を逃すなんて、と悔しがっている。その男は拠点に行き、靴やオーバーシューズを何足か、チェス盤みたいな白黒チェックのズボン、ストッキング、子ども用のタイツ四足を小屋に持ってきた。これ全部で一五〇〇ルーブルでどうだ、という。この男はグリグシュタスが死体をいい加減に胴体部分しか埋めなかったので喜んでいる。ひざ下から足が突き出ていて、服を脱がせやすかったそうだ[51]。……

一一月三日（水曜日）

ここのところしばらくなかったが、またトラックいっぱいのユダヤ人が送られてくる。ほとんどが子どもと女たちだ。ルジンスキの家の近くの穴で殺された。すでにトラックで服を脱いでいるので、裸で穴まで行く。リトアニア人は穴の上からキジを撃つみたいに撃っている。……

一一月四日（木曜日）[52]

……遅くなってから、拠点から補助警察官が二人現われ、ルジンスキの家の階段に男物・女物の下着、スカート、子どもの服やらを広げている。自分は疑われたくないので、ずっと見ているわけにはいかなかった。やつらは私を不審な目で見ていた。

*

戦局が逆転しソ連軍の反撃がはじまると、ドイツ軍はこの犯罪の痕跡を隠蔽する必要に迫られた。近くの労働収容所からユダヤ人が狩り出され、死体が掘り起こされ、燃やされた。骨は砕かれ、灰は砂と混ぜて埋められた。その作業をさせられたのも、まさにヴィリニュスのゲットーのユダヤ人たちであったが、冬で地面が凍結していたため死体の保存状態は良く、その中に殺害された親類の姿を認めることもあったという[53]。

サコーヴィチの日記は、一九四三年の一一月六日で終わっている。彼の妻は、それ以降も日記を付けていたというが、見つかっていない。サコーヴィチは一九四四年七月五日、森の中で襲撃され重傷を負った状態で発見され、そのまま帰らぬ人となった。リトアニア人に処刑されたのか、このあとすぐヴィリニュスを占拠するソ連軍と、退却するドイツ軍の間の戦闘の巻き添えを食ったのかは、明らかではない。

回転する財産——民族ドイツ人の帰還事業

ユダヤ人財産の収奪は、収奪それ自体が目的であったわけではない。収奪は、あくまでドイツの戦争、そしてその中で急進化してゆくユダヤ人政策の副産物である。だが、同時にこれは「民族の耕地整理」という、ナチのグランド・デザインと密接に関わっていたことを指摘する必要がある。

ゲッツ・アリーは著作『最終解決』において、ユダヤ人の絶滅政策は、特定集団を動かすことで生まれる空間の確保、ドイツ人のための「生存圏」の拡大、ここに東欧に散らばったドイツ系住民である「民族ドイツ人」を「帰還」させ、ドイツ民族を集中化させるという政策と、三位一体をなして進行したことを指摘している。[54] そこでユダヤ人の財産は、住民を入れ替える際の資本になり、またその事業をスムーズに進める潤滑油にもなった。

民族ドイツ人の起源は、中世におけるドイツ人の東方植民にまでさかのぼる。ルーマニア、ハンガリー、ユーゴスラヴィア、そしてドイツ騎士団領に起源を持つバルト海沿岸地方にもドイツ系住民が暮らし、二〇世紀初頭にはまだドイツ語文化が維持されていた。ヒトラーの大ゲルマン帝国においては、このような民族的なドイツ人もその構成員であり、ドイツ帝国内へのいわば「里帰り運動」が実施されたのである。

これは、独ソ不可侵条約の秘密議定書で、ドイツとソ連が互いの勢力範囲を決めたとき、ソ連勢力圏に入る地域からのドイツ系住民の移住も合意されたことからはじまる。

まず、ソ連に飲み込まれる運命にあったバルト諸国の民族ドイツ人に対して、帝国への移住命令が出された。一九三九年一〇月に、ドイツは形式上まだ独立国であったエストニアとラトヴィアと、それぞれ民族ドイツ人の出国を合意し、この結果六万一八五八人が船で帝国への「帰還」を果たした[55]。一九四一年一月には、すでにソ連領となっていたリトアニアの民族ドイツ人の出国が合意され、この結果、五万九〇四人がリトアニアを去った。このとき、まだエストニアとラトヴィアに残っていた者たちの第二次移送もなされたので、バルト三国からの「帰還者」は約一三万人である[56]。同時に、ソ連勢力圏に入った東ポーランドからも、一三万人弱の民族ドイツ人が、主にドイツ東部の併合地域へ移ってきた。

南に目を転じると、一九三九年一〇月二一日にイタリアの南ティロールのドイツ系住民の移住が、ムッソリーニと合意されている。この結果、八万二六八一人の民族ドイツ人が、主に、併合されたオーストリアに移住した[57]。

さらに一九四〇年九月五日には、ルーマニアからソ連に割譲されたベッサラビア、北ブコヴィーナの民族ドイツ人の帰還がソ連のモロトフ外相と合意され、一三万七一一六人が移動し、続いて同年一〇月二二日には、南ブコヴィーナとドブルジャの民族ドイツ人の出国がルーマニア政府と合意された[58]。この結果、五万二一〇七人の「帰還」が実現したものの、その少なからぬ部分は、帝国到着後に「人種的に不適格」としてルーマニアに送り返されている[59]。クロアチアやブルガリアからもドイツ系住民が送り出されたが、小規模なものにとどまった。全体では、五三万人を超す民族ドイツ人が「帰還」を果たした。

この事業を担当したのが、一九三九年一〇月にヒムラーを「ドイツ民族性強化のための全権委員（ＲＫＦ）」として立ち上げられた「ドイツ民族性強化本部」である[60]。現地で実際に民族ドイツ人の送り出しや受け入れに関わるのが、「民族ドイツ人事業所（ＶｏＭｉ）」であった。

この運動を推進するにあたって問題となるのは、民族ドイツ人が出身国に残す家や農地、家畜、機械などの財産の処分と、彼らをドイツ内で受け入れ、統合するための資金の捻出である。

原則としては、ドイツ政府は民族ドイツ人を送り出す側の相手国政府と財産処分に関する協定を結んだ。持ち出し可能な財産は厳しく制限されていたからである。このため、残置財産が査定され、その評価額がドイツに対する補償として支払われるが、これはたいてい原料とか、食料品などで決済された。「ドイツ移民信託公社（ＤＵＴ）」という、民族性強化本部傘下の会社が、財産の査定や処分に関わっていた。見積もりでは、移住者たちの残置財産の総額は三三億一五〇〇万マルクであった[61]。逆に、民族ドイツ人は、ドイツ到着後にドイツ政府から残した財産分を補償される予定になっていた。

さて民族ドイツ人は、ドイツを離れてから数百年の後に、ドイツのどこに「帰って」いったのだろうか。「帰還者」とは言え、彼らは外国籍の移民である。まず収容施設に入れられ、ここで正式にドイツへの帰化手続きをとった後、入植先へと振り分けられた。入植先とは、ドイツの懐である旧帝国内であることはめったになく、帝国の地理的な周縁か、東方の新しい併合地域であった。つまり移民はゲルマン帝国の礎となるべく、遠くの周縁からより近くの周縁へと配置されただけだったのである。彼らが入植したのは、主に、ユダヤ人とポーランド人を物理的に動かして作り出された空間であった。

こうしてドイツ帝国周辺に移された移民は、土地や家だけではなく、衣類などの日常品も、生活をはじめるためのすべてのものを必要としていた。出国の際、ごく一部の所持品しか持ち出しを許されなかったからである。残りの決済は国家が行なうことになっていた。しかし、国家間の決済には時間がかかる。この状況の打開策は、他の民族集団を収奪し、その財産を回転させ、循環させることであった。借金を返すために、他の誰かから盗むわけだ。この過程で係わっているのが、「東方信託本部（ＨＴＯ）」である。

東方信託本部は、ポーランドの国家財産を没収し、戦争目的で投入するために、四ヶ年計画を担当するゲーリングの指揮の下、一九三九年一〇月に設立された。本来はポーランドの国家財産が対象とされていたが、すぐにユダヤ系のポーランド市民の個人財産の没収と管理にまで任務を拡大した。

移民の再定住資金は、当面、東方信託本部の提供する略奪財産でまかなわれた。このため形式的には、ドイツ移民信託公社が東方信託本部から移民に提供する土地などを「購入」し、代金は移民の残置財産の処理が終わったときに支払われることになっていた[62]。こうして移民信託公社は、民族ドイツ人の入植者に貸付金や補助金を出すことができたのである。そして、「帰還」した民族ドイツ人の生活必需品は、民族ドイツ人事業所や、ナチ国民福祉団によりもたらされた。こういったものはどのように入手されたのかといえば、占領地でユダヤ人らを身ぐるみ剝ぐことによってであった。

つまり、これは三段階の構図になっていた。ポーランドのユダヤ人を総督府内のゲットーへ集中させ、その過程で彼らの財産を吸い上げる。ユダヤ人の排除により空いた空間には「劣等人種」であるスラヴ人、ポーランド人が詰め込まれる。そして、ユダヤ人とポーランド人の排除によりできた空間に、帝国内へ「帰還」した民族ドイツ人が入ってくるのである。

もちろん最終的には、「物理的に排除」されたユダヤ人の数は六〇〇万人弱、これに対してドイツに「帰還」したドイツ人は五〇万人強と、その量的不釣り合いからしても、ユダヤ人の収奪が民族ドイツ人を帰還させるためだけでなかったことは明らかである。しかし、奪ったものを回転させ、利用するという姿勢は、いかなる状況においても徹底していた。それは、親衛隊経済管理本部A局局長のフランク少将が、一九四二年九月にルブリンとアウシュヴィッツの管理者に書き送った文書に如実に現われているだろう。文書は「ユダヤ人の移住と立ち除きにより生じる所有物の処分に関し」と題され、この時点ではアウシュヴィッツでも、マイダネク（ルブリン郊外）でも、すでに絶滅収容所が稼動をはじめていた。

1-a　帝国銀行発行の現金の預金はすべて、ベルリン、シェーネベルクの帝国銀行にある経済管理本部の口座、一五八一四八八へ払い込むこと。

b　外貨（硬貨・紙幣に関係なく）、貴金属、宝石類、貴石、準貴石、真珠、金歯、金片は親衛隊経済管理本部へ引き渡す。当本部はすぐにこれらを帝国銀行へと送付する。

c　種類を問わず時計、置き時計、万年筆、シャープペンシル、剃刀、ポケットナイフ、はさみ、懐中電灯、鞄、財布は経済管理本部の工場で修理・清掃し、査定した後、迅速に前線へと送る。部隊へは、軍の購買部で支払いを済ませたうえで、供給される。部隊長もしくは兵士がひとつは時計を購入できるように、価格帯は三～四等に設定する。例外は金時計である。その処分は留保される。全収益は帝国へ送金する。

d　男性用下着や、靴も含めて男性用衣類は、分類し査定する。強制収容所と、例外的には部隊での需要が満たされた後の余剰分は、民族ドイツ人事業所へ回してよい。いかなる場合も収益は帝国へ送金する。

e　女性用衣類、靴下なども含めた下着類、子ども用下着・靴は民族ドイツ人事業所へ引き渡すこと。……

f　羽根布団、掛け布団、羊毛布団、生地、ショール、かさ、ステッキ、魔法瓶、耳あて、ビーカー、くし、ハンドバック、皮ベルト、買い物袋、煙草のパイプ、サングラス、鏡、食器類、リュックサック、皮もしくはプラスチック製のスーツケースは民族ドイツ人事業所へ引き渡すこと。支払いについては後で決める。掛け布団、羊毛布団、魔法瓶、耳あて、くし、食器、リュックサックがルブリンとアウシュヴィッツにおいて必要な場合は、予算からの支払いがあれば、受け取り可能である。(63)

この後も利用可能な物品のリストは続く。注目すべきは、ユダヤ人から奪った物品の無償分配は、原則としてはなされなかったことだ。収奪品を民族ドイツ人事業所や軍に引き渡す際も、支払いが要求された。盗品にも値札がつけられていたということだ。右の通達では、ご丁寧にも、売却する際の値段は「法的な適正価格を考慮の上」決定すると添えられている。

しかし、商品としての体面を整えたとしても、時にその出所はあまりにも明らかであった。あるとき、ナチ国民福祉団は、背広や婦人服、下着、シーツなどの物資が民族ドイツ人のために緊急で入用だったため、ウーチのゲットー管理局に低価格で提供を求めた。物資は納入されたが、まったく使えるような代物ではなかった。なぜなら、背広の上下が合っていないならまだしも、服には汚れや血痕でひどいしみがついていたからである。さらに、ユダヤ人の星がつ

アウシュヴィッツ=ビルケナウで、到着するユダヤ人から没収された物品を分類する囚人たち。(USHMM, #77396)

いたままの服もあった。物資は返品された[64]。

ヨーロッパのユダヤ人から奪われた財産は、ドイツの戦争経費へ転化された。たとえば、ドイツは占領国の中央銀行などから略奪した金塊や犠牲者から奪った指輪などの金を溶解し、固めて帝国銀行印を捺し、中立国スイスへ売って、戦争に必要な原料を購入するための貴重な外貨を手にしていた[65]。また、略奪財産が帝国内に運ばれることがなかったとしても、ユダヤ人財産はさまざまな経路を経て、最終的には戦争継続のための資金となった。そういったシステムの例をひとつ挙げよう。

ドイツに占領された国々では、マルクに非常に有利な交換レートが設定されるのが常で、このためマルクの流入と同時に物資の流出が起こり、さらにドイツによる徴発と重い占領費のために、すぐにインフレの危機に直面する。ここで、インフレ圧力を逃す手段のひとつが、没収されたユダヤ人財産の売却であった。ユダヤ人財産は、被占領国の政府がドイツに対して支払う占領費となるのである。つまり、被占領国政府は、自国のユダヤ人財産により、首の皮一枚で完全なる経済破綻を回避し、それはまたドイツにとって搾取できる経済の存続を意味したのである[66]。

全体で、どれほどのユダヤ人財産が奪われたのか。まず、ヨーロッパのユダヤ人はどれほどの富を有していたのか。最近の経済学者の研究は、ドイツ、オーストリア、フランス、オランダ、ハンガリー、ポーランドの六ヶ国の戦前のユダヤ人財産の総額を、一二九億ドルと算出している[67]。これに対する損失の試算では、終戦直後にユダヤ人団体が算出したものであるが、右の六ヶ国を含めたヨーロッパ全体におけるユダヤ人財産の損害を、一四〇億ドルとしている[68]。また歴史家アリーは、戦争開始以降、ドイツの戦争経費へと転化されたユダヤ人財産を、一五〇～二〇〇億マルクと推定した[69]。

しかし、実際の額がどうであれ、ユダヤ人から奪われた財産の大半は、ヒトラーがベルリンの地下壕で自殺したときには、すでに失われてしまっていたのであった。

第二部

返還

第三章　「ユダヤ民族」を相続人に

ユダヤ人の帰郷

一九四五年の初夏、ヨーロッパの町々に、ホロコーストを生き残ったユダヤ人が現われるようになった。ナチの強制収容所の扉が開いてから数ヶ月、体力を回復した者から、徒歩で、列車で、国へ引き揚げる除隊兵士を運ぶ軍用トラックで、彼らは帰ってきた。

ドイツのブーヘンヴァルト強制収容所で解放されたポーランド生まれのダヴィート・ルベトキンも、国に帰ったひとりである。故郷に戻れば生き別れになった家族の消息がわかるかもしれないと考えたのだ。ルベトキンがポーランドへ向かった列車は、戦争中ドイツのために強制労働をさせられた者や、捕虜になっていたポーランド人でいっぱいだった。

国境を越えて入国しようとしたとき、自分はユダヤ人だと明かしたポーランドの国境警備員がルベトキンに問い返した。

「なぜ地獄に戻るのか。私はここから逃げる」

この言葉はルベトキンを不安にさせたが、それでも旅を続けた。案の定、故郷の駅に着くなり、村のアイスクリーム屋の息子で戦前から知っている男から罵声を浴びた。

「まだそんなにたくさん生きていたのか。なぜ連中はみんな殺《や》ってしまわなかったんだ」[1]

ポーランドに伝統的にあった反ユダヤ主義に対し、ナチは過激なモデルを示したばかりだった。

一九三九年のドイツ軍のポーランド侵攻から、一九四四年一一月に軍が撤退するまでの約五年間、ポーランド社会からユダヤ人は切り離されていた。彼らは連行され、ゲットーに詰め込まれ、ポーランド人とは異なった運命をたどった。ポーランド人市民はユダヤ人を死んだものとして、ドイツの占領を生き、抵抗したのであった。

だが、死んだはずの人間の帰郷は、ユダヤ人抜きの「日常」を取り戻しつつあった社会に波風を立てた。連行されたユダヤ人の家に住んでいる者たちが、その帰郷を歓迎しなかったことは驚くに値しない。戦前のポーランドでは、ユダヤ人は不動産所有率の高さで際立っていた。ワルシャワでは住民数におけるユダヤ人の比率は三割であったが、住居の四割がユダヤ人の所有であったし、住民の半数がユダヤ人であるような町では、不動産の大半がユダヤ人の所有であった。つまり、ユダヤ人の大家に家賃を払うポーランド人という構図が存在したわけだ。

ところが、ドイツ支配の五年間の間に、ユダヤ人の不在とそれに伴う新たな権利関係の樹立は、既成事実となっていた。侵略者がいなくなった今、ユダヤ人帰郷者は、過去の取り消しを求める望まれぬ人びとであった。彼らは「なぜ戻ってきた」「町から出て行かないとひどい目にあうぞ」と脅され、それは口先だけではなかったのである。一九四五年三月だけで、ポーランドでは一〇八人のユダヤ人が殺害され[2]、ドイツ軍が退却した一九四四年一一月から一九四七年夏までに、ポーランド人により殺害されたユダヤ人の数は一五〇〇人にもなると言われている[3]。

もちろん、皆が財産がらみで殺されたわけではない。ユダヤ人はポーランドの「寄生虫」であるという古い言説がよみがえり、また権力の空白の中で、ユダヤ人がポーランドの共産主義化を図っているという非難が強まっていた。このため、国粋主義的な右派の攻撃は、なかんずくユダヤ人に向けられた。歴史家はこのような政情不安を背景として認めたうえで、ユダヤ人による財産の返還要求と、ユダヤ人に対する暴力との相関性を指摘している[4]。現に、自治体に財産の返還を申請したユダヤ人が殺されるという事件が起こり、この事件は、ほかのユダヤ人に対する警告であると見なされていたのである[5]。

先のルベトキンは、家族が数人の親戚を除いて皆帰らぬ人となっていることを知り、ポーランドを出ることを決意し、一九四五年一〇月、ポズナンへ向かった。この町からベルリンへ列車が出ているからである。連合軍の支配下にあるドイツでは、少なくともユダヤ人であるという理由で生命の危険にさらされることはないと思われた。

当時ベルリンは、ヨーロッパ外への移住を求めて東欧を去るユダヤ人生存者にとって、西に向かって開いた窓のひとつであった。ベルリンはソ連軍占領地域のなかで西側勢力の離れ小島を形成しており、東ベルリンに入れば、そのまま英米仏占領軍の管理する西ベルリンへ抜けることができた。ここから南西ドイツへ、そして最終的にはパレスチナやアメリカへ到達できる可能性があったのである。ベルリンに着くとルベトキンは、ユダヤ人難民を受け入れるキャンプに向かった。そこで彼は、国に戻る意思がなく、新たな定住先を求めるＤＰ（displaced person「難民」）として登録した。

解放後のルベトキンの行程は、ホロコーストを生き残った東欧のユダヤ人の多くに共通したものであった。ベルリンを通過して西側に逃れようとするユダヤ人の流れは、一九四五年の冬にはすでに顕著なものとなっており、こういったユダヤ人は、連合軍と国連機関が運営するＤＰキャンプに収容された。キャンプでは「アメリカ・ユダヤ人合同配分委員会」（通称「ジョイント」）など、海外のユダヤ人救援団体も活動していた。ジョイントのベルリン事務局による一九四六年六月の報告にはこうある。

……ここに来る者たちは皆、ポーランドでのユダヤ人迫害の話をする。最近シュテッティーンから来た男の話では、一八歳のユダヤ人の青年が、路面電車に乗車中、ポーランド人のごろつきに首を後ろからナイフで刺されて、死体が車両から投げ捨てられるのを見たということだ。クラクフでは、自分の家に戻ったユダヤ人がポーランド人に射殺される事件がここのところ四件続いたらしい。他の者も、いつも罵られ、脅されると言っている。妻とバスに乗ったところ、命が惜しかったらポーランドを出てパレスチナに行けと、乗客から大合唱された男の話も聞いた。……

彼らが途中で靴を取られて、ベルリンに裸足で到着するなどよくあることだ。ベルリンに着いたときには、文字通り憔悴しきって、倒れこむことも珍しくない。この報告をまとめる前日にも、体中蚤だらけで、飢えた、半分裸の孤児が、倒れる寸前で保護されたばかりだ。(6)

西へと向かうホロコースト生存者には、ナチにより奪われた財産を取り返し、財産を処分してから国を発つような余裕はなかった。共産党が支配を強めるなか、私有財産の国有化がはじまっていた。それより、いつ国境が閉鎖されるかしれなかった。命あるだけで幸運だと多くが考え、こうして難民化したユダヤ人は、ドイツやオーストリアの西側連合軍占領地域へと流入した。その数は、一九四七年夏には約二五万人に膨れ上がった。(7)

一方、廃墟となったドイツの町々には、ドイツ国籍のユダヤ人生存者が二万人ほど暮らしていた。彼らは独裁の時代に「アーリア人」と結婚していたがゆえに国内に留まることができた者、地下に潜伏して生き延びた者、わずかではあるが強制収容所から生還した者たちであった。[8]なにせドイツでは、ユダヤ人の収奪は段階的かつ徹底的になされたので、生き残ったドイツ・ユダヤ人は文字通り一文無しであった。まず、寝る場所がない。都市は爆撃のためひどい住宅難で、誰もが半壊した建物で雨露をしのぐ有様で、運よく自分の家が残っていても、合法的な入居者がいる場合には強制的に退去させることはできなかった。ナチ時代に奪われた不動産の返還が可能になるのは、一九四七年秋以降のことである。

一九四六年末、約七〇〇〇人のホロコースト生存者が肩を寄せ合っていたベルリンで、当地のユダヤ人ゲマインデの会長、ハンス＝エーリヒ・ファビアンがユダヤ人新聞に次のように書いている。

われわれの大半は、今でも戻ってきた時と同じ状況にある。ヒトラー政権によって奪われ、ドイツ国民の多くを潤したわれらのかつての財産のうち、戻ってきたものは何ひとつない。……一着の背広と一足の靴に満足している人はたくさんいる。また、こうした物を一度として持ったことのない人だっているのだ。一時しのぎの寝泊りに、壊れて雨漏りのする家を見つけたが、それすらも非ナチ化されて戻ってきた元党員のために取り上げられてしまうのではないかといつもびくびくしている。……これまでドイツ人は、以前ユダヤ人が住んでいた家を明け渡す努力をしたこともない。[9]

時には、占領軍がナチの活動家の家や家具を接収して、ユダヤ人生存者に提供することがあった。たとえば、フランクフルトでは、アメリカ軍はナチ活動家から接収した家具の貸し出しを行ない、ユダヤ人生存者の支援組織は、一九四六年七月だけでテーブルを六〇脚、台所用の椅子を二二〇脚、肘掛け椅子を一六五脚、そしてマットレスを五六枚、ユダヤ人に配布したと報告している。[10] しかし、貸し出しは必ずしも無償ではなく、軍はユダヤ人に家具の評価額分を支払うように要求し、これに対してユダヤ人は強く抗議している。[11] それどころか、ナチ党員にも生活上最低限の家具は必要であるという理由で、家具の貸し出しもしばらくすると中止されてしまった。今度は、ナチ党員から没収された家具を使っているユダヤ人が、元党員から返還を要求される番となった。

解放後の困窮と、財産返還に対する非ユダヤ人社会の無理解は、ホロコーストを生き残ったユダヤ人がヨーロッパ全土で経験したことであった。ヨーロッパが飢えて凍えていた終戦後の最初の冬、ユダヤ人の困窮は非ユダヤ人のそれより深刻だと訴えていたのは、ユダヤ人だけであった。

ユダヤ人は、ナチズムからの解放は正義の復活と権利の回復を意味するものと考えていた。しかし、その期待は裏切られた。戦争の終わりは、所有権の回復を求める長い道のりのはじまりであった。

集団性への回帰

海外の観察者からすれば、こういった解放後の状況は、ある程度予測されていた事態であった。東欧のユダヤ人社会が壊滅したこと、また全ヨーロッパ規模でユダヤ人から非ユダヤ人への所有の移行が起こったことは、戦争が終わる前から理解されていた。

最終的にどれだけの数のユダヤ人が生き残るにせよ、ヨーロッパのユダヤ人社会は過去のものとなるというのが、アメリカやパレスチナにおけるユダヤ人社会の指導者の共通認識であった。共同体の再生は不可能であり、したがって問題は、ホロコースト生存者をどこに受け入れるか、また受け入れ先となるユダヤ人国家をいかに建設するかにあった。新たな移民の受け入れには資金がいる。ヨーロッパ・ユダヤ人社会の崩壊という現実は、生存者の救済とともに、ユダヤ人から奪われた莫大な財産をいかに取り戻し、これをヨーロッパ外に移転するかという難題を突きつけたのである[12]。国家の建設、生存者の受け入れ、財産の回収という三点は、相互に関連した同じ次元の問題であった。

移転すべき財産とは主に、相続人不在のユダヤ人財産のことである。ホロコーストの死者はヨーロッパ・ユダヤ人の四分の三ちかくに達し、なかでもポーランド、リトアニア、ラトヴィア、ギリシア、チェコスロヴァキアといった国々では、実にユダヤ人口の八、九割が殺害された[13]。こういった場所では、ユダヤ人は家族全員、時にはその親類縁者まで根こそぎにされた。このような場合、奪われたユダヤ人財産の返還を申請できる血縁者は存在せず、財産は現地に放置されることになる。

通常、相続人のいない財産は国庫に入る。これは古今東西を問わない法的慣行で、古くはハンムラビ王の時代までさかのぼり、近代ではナポレオン法典以降に主権国家の正当な権利として確立した。それは、近代国民国家の成立と密接に関わっている。なぜなら近代の国民国家においては、国民は宗教や民族に関係なく、個人として法の下に平等であり、同権を有する国民は国家に対して同じ義務も有する。したがってそのような国民が相続人なくして死亡したならば、その財産が国家に帰するのも「平等」である。

しかし、ホロコーストはこの原則の無条件の適用に、根源的な問いを投げかけた。ナチの政策は、ドイツ国内においても占領地においても、「国民」の中から「ユダヤ人」を区別し、これを下位の法的地位におとしめることにあった。次に、ユダヤ人は国籍に関係なく、ナチの定義するところの「ユダヤ人」として、ひとつの集団として抹殺対象とされた。その意味でナチのユダヤ人迫害は、「国民」により構成される近代国民国家の原則に対する挑戦であり、本質的に「超国家的」な性格を有していた。その「超国家的」な蛮行の結果生じたのが、相続人不在のユダヤ人財産である。したがって、「フランス国民」や「ポーランド国民」としてではなく、「ユダヤ人」として殺された者の財産を、個人の国家への帰属、つまり「国籍」

を唯一の基準として国家が相続するのは、正当性を欠くと思われた。
この問いは、三三〇〇万人のうち三〇〇万人のユダヤ人が死亡したとされるポーランドにおいて特に当てはまるだろう。ポーランド人にユダヤ人殺害の責任はないが、国民の一割近くを構成していた最大のマイノリティが物理的に排除され、財産だけが残されたとすると、国家、ひいてはマジョリティであるポーランド人が、意図せずしてユダヤ人殺害の受益者になることを意味するからである。

他の国々においても、同じことが言えた。ルーマニアやハンガリーなど、枢軸国の一員としてドイツと同盟し、迫害に加担した国では、ファシスト体制が打倒されたからといって、戦後国家が死んだユダヤ人の財産を国庫収入とするのは許されるのだろうか。

また、ドイツに占領されたとはいえ、ユダヤ人財産の剝奪に関わったフランスの場合はどうか。国家元帥ペタンが犯罪者として裁かれても、戦後のフランス第四共和政は財産を引き継ぐ道義的権利を有しているだろうか。民族・宗教の違いを見えなくする共和国の伝統は、ユダヤ人を再び「フランス国民」の中に埋没させる。現に、一九四六年一二月に、「人種」で国民を区別する文書の破棄が命令された。これにより、強制収容所の記録など、ユダヤ人財産の返還補償に必要な文書が失われるという事態が生じているのだ[14]。戦争の犠牲者とユダヤ人という、まったく性質の異なる犠牲者が、同じ土俵で扱われてもよいのだろうか。

スイスやスウェーデンといった中立国でさえ、同じ問題があった。ナチから財産を守るために、中立国の銀行へ金融資産を避難させたユダヤ人がいたが、彼らの多くも魔の手を逃れられず、預金は放置されたままになった。このような財産に権利を有するのは、財産の管理者である銀行だろうか。それとも、死亡したユダヤ人の出身国の政府だろうか。しかし、その政府がユダヤ人迫害に加担していた場合はどうか。

ホロコースト後の世界において、国家は、死んだユダヤ人の財産に対して権利を持つのか。国籍という基準でもって、死者であるユダヤ人を「国民」の中から蹴り出した人びとのもとへ連れ戻すのは適切か。このような問いに対するユダヤ人側の答えは「ノー」である。ユダヤ人は「一市民」や「一国民」としてではなく、「ユダヤ人」として死んだ。[15]「ユダヤ人」として被った損害に対しては、「ユダヤ人」として補償されねばならない。

ホロコーストが突きつけたのは、個人よりむしろ集団としての「ユダヤ人」は、いかなる権利を持つのかという、古い問いであった。中世においてユダヤ人は、共同体内でのラビの裁判権に見られるように、集団としての権利を持つ、文字通りの「国家内国家」であった。ユダヤ人のこの集団性を解体し、個人へと単位を切り下げていくことこそ、近代の歴史であった。ユダヤ人解放の目的は、民族的にも宗教的にも異なると認識されてきた人びとを、「ユダヤ人」から「ユダヤ系ドイツ国民」、「ユダヤ系フランス市民」に創り変え、最終的には「ユダヤ系」という形容詞さえ不要な同質的な国民を創造することであった。この結果、ユダヤ人は国境や言語を超えて同胞と横につながる集団であることをやめ、それぞれの国の枠内にとどまる、ユダヤ教を信仰する「個人」となった。特にドイツでは、伝統的に民族的要素が「国民」を定義すると考えられたから、ユダヤ人みずから「ユダヤ教徒のドイツ国民」であると強調した。集団性の放棄は、国民となる代償だったのだ。

しかし、ヒトラーはユダヤ人を本質的にドイツとは異質なものとして、「国民」の母体からはじき出した。ここにおいてユダヤ人は、好むと好まざるに関わらず、再びひとつの集団となった。

ナチ支配が終わると、解放された国々はナチが導入した人種法を撤廃し、ユダヤ人を再び平等な「市民」に格上げした。人種主義に対する解毒剤は、西ヨーロッパ的な意味での「市民」の概念に他ならず、「ユダヤ人」という集団を所与のものとして扱うことは、ナチ理論の継続にほかならないと見なされた。

しかし当のユダヤ人は、「市民」への格上げが問題を解決するとは考えなかった。彼らが「ユダヤ人」として被った損害はすでに生じており、この損害こそが、ユダヤ人と非ユダヤ人とを分かち、それは実際の困窮度の違いとして現われていた。したがって、「同権」は「同待遇」を意味すべきではなかった。彼らが欲したのはむしろ、マイナスをゼロへと押し上げるための、「ユダヤ人」に限定した特恵待遇であった。

実際のところ、ユダヤ人にとって、ナチのいう人種的な「ユダヤ人」という集団が本当に存在したのかどうかは、ホロコーストの後ではもはやどうでもよいことであった。現に迫害は、共通の損害により定義可能な「ユダヤ人」という集団を作り出していたのである。

相続人としてのユダヤ民族

一九四四年一一月、当時「世界ユダヤ人会議（WJC）」の執行責任者であったナフム・ゴルトマン[16]は、アメリカで開かれた世界ユダヤ人会議の「戦時緊急会議」の席上で次のように発言した。（〔　〕内筆者）

少なくとも、ユダヤ民族の総体（the Jewish people as a whole）を、殺害されたユダヤ人の相続人（heirs）と見なすよう求めることほど、理にかなうものがあるだろうか。もし非ユダヤ人の個人や、非ユダヤ人の共同体や政府が、このような〔相続人なきユダヤ人〕財産の相続人となるようなことがあれば、それはユダヤ人の悲劇を嘲笑するものだ。そのような財産は、法的にはともかく、明らかに道義的に、ユダヤ人社会に属するものであり、ユダヤ人の生活と将来の再建のために使用されねばならない[17]。

ここに、ユダヤ民族という集合体が、ヨーロッパに残された財産の相続人であるという、国際法の常識を覆す主張が登場するのである。

「ユダヤ人」として被った損害に対しては、「ユダヤ人」として補償されねばならないという主張の理論的な帰結は、「ユダヤ人」として殺された者の財産は、「ユダヤ人」に帰すという考えである。ただ、ここでいう「ユダヤ人」とは、ユダヤ人個人を指してはいない。なぜなら、相続人のいない財産に対しては、いかなる自然人も権利を持たない。それゆえ、国家という「非個人」が権利者として立ち現われる余地がここに生まれる。この国家が道義的理由から権利者となり得ない場合、いかなる集団が権利を有するのか、という問いに対しユダヤ人は、それは集団として抹殺の対象とされた「ユダヤ民族」全体であると答えたのである。つまり、ヨーロッパのユダヤ人財産は、「運命共同体」としてのユダヤ人社会に属する「民族資産」であり、残される財産の「相続人」は、ユダヤ民族以外にあり得ないというのだ。

ヨーロッパのユダヤ人財産を、ユダヤ世界の代表が全ユダヤ人の名において引き受けるという主張は、国際的なシオニスト指導者であり、後の初代イスラエル大統領となるハイム・ヴァイツマンにより、ユダヤ世界の「公式」な見解となる。ヴァイツマンは一九四五年九月、ユダヤ機関（JA）を代表し、英米仏ソ連の四戦勝国に書簡を送って、次のように述べた。

そのような財産は犠牲者に属すものだ。そして犠牲者とはユダヤ民族全体である。正当な相続人は、それゆえ、ユダヤ民族であり（the true heir, therefore, is the Jewish people）、これらの財産はユダヤ人の物的、精神的、文化的復興に利用するため、ユダヤ民族の代表者に託されるべきである。[18]

具体的には、ユダヤ人の代表者がヨーロッパ中の財産の受け皿になる国際的な上部団体を設立し、その下に各国レベルで財産の回収機構を作る。各国で返還された財産は国内団体を通して上部団体に集められ、これをもとにホロコースト生存者の援助をするというのである。[19] しかし、「ユダヤ人のものはユダヤ人に返せ」という主張は、いくつかの根源的な問題をはらんでいた。

第一に、「ユダヤ民族」とは法的に定義可能なのかという点であった。これは、「誰がユダヤ人か」という、ユダヤ人の歴史と同じくらい古い問いと表裏一体をなす。ユダヤ人とは宗教か、それとも民族か。迫害という受身の事実が集団の境界を作るのか。

第二に、「ユダヤ民族」というものが存在すると仮定して、「民族」には財産の相続権があるのか。国際法においては、独自の領土と明確な国境を持たない「民族」が法的人格を持つとは見なされない。

そしてこれは、第三の問題へと行き着く。個人がある集団に属しているからといって——その集団を定義する要素は民族、言語、共通の歴史認識、何でもよいわけだが——集団全体は、集団の構成者の財産に対して権利を主張し得るのか。それはこのようにも問えるだろう。個人の権利を吸収し内包するような、上位の集団の権利というものが存在するのか。これは個人の所有権に対する侵害ではないか。

そして、「ユダヤ人のものはユダヤ人に返せ」という要求に見られる「民族」という単位の復権は、近代的な国家の骨組みを、内側から崩壊させる危険をはらんでいた。それは、明らかに、戦後世界の流れに逆らうものであった。

ナチ・ドイツが「ドイツ民族」の優越を主張して大惨事を起こした後、「民族」とは不信の目を向けられるものでしかなかった。現に、東欧に何百年も暮らしてきたドイツ系住民が、ナチの第五列〔対敵協力者〕となった事実が、「民族」を語るいかなる言説も疑ってかかれと教えたばかりであった。このため、大戦間期に謳われた民族自決やマイノリティの権利は、戦後鳴りをひそめ、マイノリティに属する人びとの権利保護は、「人権」という、あくまで個人の問題に還元されてしまったのである。民族がそれとして固有の権利を有するという考え方は、戦後世界では一概に否定された。ただ、ユダヤ人の場合、その主張がもつ民族主義（ナショナリズム）は、「シオニズム」という別の名前で呼ばれていたのである。

パリの二つの会議

ユダヤ人の指導者たちは、ユダヤ人犠牲者という総体を、国際法の主体に押し上げようと試みた。その主張を支える根拠として、特定の民族が国際法上の法的主体として認知され、権利を行使した例として、二〇世紀初頭のアルメニア人の例を挙げた。

第一次世界大戦中のオスマン帝国におけるアルメニア人の迫害では、トルコ東部の半砂漠地帯への追放の過程で、飢えや病気により約一〇〇万人のアルメニア人が死亡したとされている[20]。ここで発生した残置財産の問題は、本質的には、ホロコーストにおけるそれと同じである。

第一次世界大戦の戦勝国とオスマン帝国との間に結ばれた一九二〇年のセーヴル条約は、アルメニア共和国の建国を予定し、さらにアルメニア人の遺棄財産の国庫帰属を定めた一九一五年の法律を無効と宣言した。同条約は、相続人不在のアルメニア人財産を国家が相続しないよう、必要ならば国際連盟の理事会が仲裁委員会を設置し、財産をトルコ国内のアルメニア人共同体へ委託させるとしている[21]。つまりセーヴル条約が履行されたなら、トルコのアルメニア人共同体は、同胞の残した財産の信託人となるはずであった。

こうした規定を引き合いに、ユダヤ人の法律家は、セーヴル条約は民族が国際法上の主体として扱われた例であると主張した[22]。民族に法的人格があるならば、相続権もあるはずだ。

しかし現実には、アルメニア人に関する約束は何ひとつ履行されなかった。一九二二年、スルタンは廃位され、オスマン帝国は消滅した。セーヴル条約は一九二三年にトルコに大幅に譲歩したローザンヌ条約に取って代わられ、同時に残置財産の処分に関する取り決めも意味を失った。土地、家屋、教会といったトルコ国内のアルメニア人財産は、トルコ人やクルド人の手に渡った。財産は国家経済の中に取り込まれ、流通し、その痕跡をほとんど消してしまった。

今やその返還が問題とならないのは言うまでもない。

アルメニア人の例からも、相続人不在の財産の返還は「法律の問題だけではなく、政治の問題」[23]であることは明らかであった。このような理解があったので、ユダヤ人指導者は一九四五年末のパリ賠償会議と、翌年のパリ講和会議という国際的な場で、集団としてのユダヤ人の権利の認知を求め、奔走した。この当時、ユダヤ人国家イスラエルはまだ誕生しておらず、ユダヤ人は国家間の交渉に送る代表を持たない。このような、いわば国際政治の弱者の言い分は、次のようなものであった。

まず、ホロコーストにより多くのユダヤ人が難民化し、DP（Displaced Person）となった。彼らは出身国に戻れない無国籍者である。いかなる国家の庇護も受けられないため、国際機関がこれを担保すべきである。つまり、犠牲者のユダヤ人集団に対して、国家の枠組みを超えた、特別な措置が必要であるということであった。

この結果、パリ賠償会議最終協定の第八条において、ドイツ国内で連合軍が発見した通貨以外の金《きん》（指輪などの装飾品、一部には絶滅収容所で殺害されたユダヤ人の金歯）と、中立国内のドイツ在外資産の売却益より二五〇〇万ドルを「ドイツの行為により帰国不可能となった犠牲者」、つまりユダヤ人DPの援助に当てることが定められた[24]。

さらに重要なのは、最終協定が、スイスやスウェーデンなどの中立国に対し、国内にある相続人不在の財産――これが殺されたユダヤ人に由来することは明白であった――を、右の「ド

米軍がブーヘンヴァルト強制収容所で発見した指輪。
（USHMM, #80623）

イツの行為により帰国不可能となった犠牲者」のために放出するよう勧告したことである。[25] 主権国家の領内にある相続人なき財産の国庫帰属は、国家の正当な権利でもある。それを特定の犠牲者集団のために放出せよという勧告は、国際法上の慣行を大きく踏み越えたものであった。つまり、ここでユダヤ人犠牲者という集団は、半ば公的に、国籍に関係なく独立した一個のカテゴリーとして認められたということになる。

この流れを引き継ぎ、一九四六年にはじまったパリ講和会議では、旧枢軸国ルーマニアとハンガリーとの講和条約に、相続人不在のユダヤ人財産に関する条項が盛り込まれた。財産を国内のホロコースト生存者の救援に当てるために、両政府がこれを現地のユダヤ人の代表組織に引き渡すことを規定したのだ。[26] つまり、相続人不在の財産に対する国の権利を、ユダヤ人財産に限って停止し、犠牲者集団による共有＝相続を認めたのである。

パリの二つの会議は、ユダヤ人の補償要求の分水嶺と言えるだろう。ここでユダヤ人犠牲者というカテゴリーは、戦争犠牲者一般から区別され、かつ国籍を超えたものとして合意された。ユダヤ人の集団性の認知は、ユダヤ人を個人として国家の枠組みに従属させてきた伝統に穴を開けたのである。

ユダヤ人財産の運命

しかし、パリの二つの会議で認められた新境地が、各国レベルでも受け入れられたかというと、そうではなかった。ヨーロッパ諸国は従来の国民国家的理解を離れることはなく、それはユダヤ人の要求の拒否となって現われた。

まず、中立国が国内の相続人不在のユダヤ人財産を、ユダヤ人DP援助のために放出することはなかった。逆にスイスは、一九四九年と五〇年にそれぞれポーランド、ハンガリー政府と秘密裡に協定を結び、ホロコーストの犠牲になった両国籍者の銀行預金を、所有者不在として各政府に引き渡している。[27] ユダヤ人として死んだ者の財産を、再び国籍の枠組みにはめ込んだという点では、これは明らかにパリ賠償会議の精神に反していた。さらに言えば、ポーランド、ハンガリー両共産党政府は、この金で国有化された国内のスイス企業の財産に対する補償を行なった。つまり、ユダヤ人として殺害された者の財産で、スイス・ポーランド・ハンガリーの三国が損失を補塡し合ったということだ。

ハンガリーとルーマニアの講和条約に定められたユダヤ人財産に関する規定も、履行されなかった。共産主義体制が成立したことにより、これらは実質的に反故にされた。

では、他のヨーロッパ諸国に残されたユダヤ人財産はどうなったのだろう。

戦後、ヨーロッパ諸国は、ドイツ占領下もしくはナチの影響下でなされたユダヤ人財産の売買の無効、その返還を定める法律を公布した。[28] 戦後政府が、ナチ支配を不当なものであったと見なすかぎり、財産返還は必須であった。

しかし東欧では、農地改革が断行され、共産主義体制が成立して私有財産の国有化がはじまると、財産返還は形骸化していった。ここにおいて「不在となった人びと」の財産は、「人民所有」となり、社会主義的平等社会の構築に貢献したのである。なかでも、最大のユダヤ人口を有したポーランドでは、一九四六年三月八日に遺棄財産に関する政令が出され、一九四八年一二月三一日までに返還請求されない財産は国庫に消えた[29]。

これに対して西欧諸国では、所有者自身が生存するか、その相続人が存在するかぎりにおいて、比較的広範な返還が実施されたと言える。しかし、問題はやはり相続人不在の財産であった。たとえばフランスでは、供託金庫が国内の強制収容所のユダヤ人囚人から「預かっていた」現金や所持品は、戦後返還を求める人が現われないために、三〇年後に国庫に消える結果となった[30]。他の国々でも状況はだいたい似通っていたが、例外的にギリシア、イタリア、当時英・米管理下の自由都市であったトリエステが、相続人不在のユダヤ人財産は現地のユダヤ人共同体に委託され、国内でのその再建と犠牲者の救済に使用され得ると、戦後すぐに定めている[31]。しかし、対象となる財産の規模は決して大きくなかった。

端的に、相続人不在となったユダヤ人の財産を、ヨーロッパ規模で回収し、その同胞に引き渡すという試みは、失敗に終わったのである。ヨーロッパは戦争で疲弊していた。所有者のいない財産は、正当にも、各国が経済を再建する資源であったのだ。

第四章　ドイツの返還

「あなたは殺したのか、そのうえ取ったのか」

旧約聖書の話である。

イスラエルの王アハブは自分の宮殿に隣接するぶどう畑を所望した。その持ち主であるエズレルびとナボテに、金を払うからこれを譲ってくれるよう頼んだが、ナボテは先祖代々の土地は売れないと断った。落胆するアハブに、異教徒の妻イゼベルは言う。

「わたしがエズレルびとナボテのぶどう畑をあなたにあげます」

イゼベルは、ナボテが「神と王を呪った」としてアハブの名で弾劾裁判を開かせ、ナボテを石で撃ち殺させた。イゼベルが言う。

「立って、あのエズレルびとナボテがあなたに金で譲ることを拒んだぶどう畑を取りなさい」

そのとき、主の言葉が預言者エリヤに臨んだ。エリヤはアハブに言う。

『主はこう仰せられる、あなたは殺したのか、そのうえ取ったのか』〔列王記（上）第二一章〕

殺して奪ったものによって富むことは許されない——これはまさにドイツのことであった。殺されたユダヤ人の財産を「ヒトラーの国」が手中に収めるなど、断じてあってはならなかった。

では、誰が相続人不在のユダヤ人財産に対する権利を有するのか。この点、英・米・仏の西側占領軍は、ドイツが権利者になり得ない以上、こうした財産をナチ犠牲者一般を補償する財源にしようと考えていた。(1) ナチ犠牲者一般には、ユダヤ人だけでなく、共産主義者などの政治的被迫害者も含まれる。連合軍の考えでは、ヒトラーの敗北後は、法的にはもはや「ユダヤ人」という集団は存在しない。ユダヤ人だろうと、共産主義者だろうと、同性愛者だろうと、ナチズムの犠牲者は犠牲者という点で同じだというのだ。

しかし、この案には決定的な弱点があった。それは、相続人不在の財産とは、ほぼすべてユダヤ人の所有によるものであったことだ。なぜなら、ユダヤ人以外のナチ犠牲者の場合、本人が殺されても、その家族親類まで一掃されるということは起こらなかった。したがって、彼らの財産にはたいてい相続人が存在した。そうすると、結果的にユダヤ人の財産が、ドイツ人のナチ犠牲者の補償に使われることになる。(2) これにユダヤ人は反論した。ユダヤ人は自分たちを

「ドイツ民族体」から蹴り出した者たちのために、死後にまで貢献せよというのか。ユダヤ人はドイツ人にはなり得ないという理由で殺された以上、そのドイツ人の援助にユダヤ人の財産を使うことは認められないという反論には説得力があった。

そうなると、相続人たる自然人が存在しない以上、人為的な相続人を作り、これに財産を継承させる以外にはない。信託会社の役割を果たす、ユダヤ人継承組織（Jewish successor organization）を作り、死せるユダヤ人の財産を、その同胞に託すのである。

ユダヤ人による財産の信託団体という構想を最初に承認したのは、アメリカである。アメリカがユダヤ人の提案を支持する側へまわった理由には、もちろんホロコーストの衝撃や、本国のユダヤ人団体による熱心な説得もあったが、同時に国益にも合致すると見なされたからでもある。当時、米軍占領地域のユダヤ人DPの数は大幅に増加し、一九四六年末にはすでに一四万人を超えていた。米軍政府は国連と共同でDPの衣食住を世話していたが、その負担は大きく、軍はユダヤ人DPの問題を、本国の納税者の税金を使わずに解決したいと考えていた(3)。

そのような観点からは、ユダヤ人継承組織の設立とは、ユダヤ人が自分たちの金でホロコースト生存者の面倒をみるので、その財源としてドイツに残されたユダヤ人財産を使わせてほしいという提案にほかならず、財産の使用を許可すれば、DP支援における軍の関与を最低限に抑えることができると思われた。誰もがユダヤ人の状況には同情し、早く定住先を見つけてあげたいと思っていたが、それに金を出すのはまた別の話であった。

在独アメリカ軍政府は、一九四七年一一月一〇日に軍政府法律第五九号として、ナチ時代に不当に奪われた財産の返還を定める法律を公布した。(4) その第八条から第一一条で、ナチ犠牲者の財産に相続人がいない場合、もしくは何らかの理由で返還申請がなされない場合、財産は継承組織に信託されると定めた。この際、ドイツ民法の第一九三六条（相続人なき財産の国庫帰属）は適用されないとしている（第一〇条）。これを受けて、世界ユダヤ人会議、ユダヤ機関、ジョイントなど、複数の国際的なユダヤ人団体により「ユダヤ人返還継承組織（Jewish Restitution Successor Organization）」（以下、ＪＲＳＯ）が設立された。

ＪＲＳＯの設立は、歴史的な方向転換であった。相続人不在の財産を、同じような損害を被った犠牲者の代表に委託するということだが、これは終戦直後からユダヤ人の指導者らが主張してきた、「ユダヤ人のものはユダヤ人に返せ」という訴えが認められたことを意味したのである。

さらに、ここでの「犠牲者」とは、ドイツのユダヤ人に限られず、抹殺対象とされたユダヤ人すべてであると理解されていた。ＪＲＳＯに委託されるのは、法の適用領域であるドイツの米軍占領地区内に存在する財産のみだが、その財産の恩恵を受ける者は、この地理的制限を受けない。つまり、殺されたドイツのユダヤ人の財産を、犠牲者としてのユダヤ民族全体のために使うことに、アメリカは賛同したのである。いわばユダヤ民族を相続人とする、国際法の常識を打ち破る団体が誕生したのである。

この点について、ユダヤ人の返還補償問題に長年関わったドイツ出身のシオニスト、ゲオルク・ランダウアーは、後年次のように述べている。

……JRSOの設立が可能となったのは……、アメリカ人が誰を法的継承者に据えればよいのかわからなかったためではなく、いわゆるユダヤ世界を、ほとんど壊滅し、略奪し尽くされたユダヤ人集団の継承者かつ相続人とするという、明白な意図があったからである。この点は国務省の文書に繰り返し強調されている。[5]

アメリカが単独で継承組織を認可した結果、ユダヤ人による信託団体の設立に反対していたイギリスやフランスも、同様の団体を設立せざるを得なくなった。イギリス地区では一九五〇年に「ユダヤ人信託会社（Jewish Trust Corporation for Germany）」（以下、JTC）が、フランス地区では一九五二年に「JTCフランス部門（Branche française de la Jewish Trust Corporation for Germany）」が設立された。[6]

これに対して、私有財産を否定し、特定の民族集団の利益を考慮するなど論外だとしたソ連軍占領地区では、残されたユダヤ人財産は後に成立するドイツ民主共和国（東ドイツ）において「人民所有」へと移され、国有化された。

フェレンツとケーガン

ユダヤ人の大量殺害により残された財産を処分するという、歴史的にも前例のない仕事をアメリカ地区で任されたのが、アメリカ人ベンジャミン・B・フェレンツであった[7]。

フェレンツは一九二〇年にルーマニアのトランシルヴァニア地方に生まれ、すぐにアメリカに移住した。ハーヴァード・ロースクールを卒業し、弁護士資格を取得し、第二次世界大戦ではノルマンディー上陸作戦に参加した。彼は、米軍の一員としてダッハウ強制収容所の解放を目撃している。後にフェレンツの名を知らしめることになるのは、ニュルンベルク継続裁判のひとつ、「行動部隊裁判」の主任検察官としての役割である。この裁判では、リトアニアやウクライナなどでの、移動殺戮部隊によるユダヤ人虐殺の実態が明らかにされた。裁判の後、帰国する予定であったフェレンツは、JRSOの指揮を任された。このとき弱冠二七歳であった。

フェレンツと同じく、ドイツでの軍務を離れた後、JRSOに加わったのが、ソール・ケーガンである[8]。ケーガンは現リトアニア、ヴィリニュスの生まれで、父は病院の管理職であった。一九四一年にドイツがソ連を急襲する前に、アメリカで医学を学ぶという理由で、リトアニアを離れることができた。しかし、故郷に残した家族の安否に気をもんだケーガンは、米空軍に志願してヨーロッパ戦線に戻った。戦争が終結しても、彼は家族の捜索のためにヨーロッパに残り、ベルリンのアメリカ軍政府の金融部で、銀行など経済界のナチ犯罪を追及する調査官と

行動部隊裁判中のフェレンツ。
（USHMM, #09917）

して働いた。このためケーガンはアーリア化など、ユダヤ人財産の収奪について広い知識を持ち、ユダヤ人財産に関する情報を集めていたフェレンツのパートナーとなったのである（のちに彼の家族は、父親を除いて全員死亡していたことが明らかになった）。

さて、ＪＲＳＯは一九四八年八月にドイツで活動を開始したが、米地区返還法による財産の返還申請期限は一九四八年一二月三一日である。つまり、フェレンツたちは約四ヶ月の間に、地区内の相続人不在のユダヤ人財産のすべてを把握し、返還を申請しなければならない。

相続人のいない財産の返還を申請するということは、どういうことだろうか。財産の所有者が生きているなら、申請は難しくはない。どこにどんな不動産があるか分かっているし、財産を失った経緯も説明できるだろう。しかし、フェレンツたちが扱うのは、口のない死者の財産である。死者は土地だけでなく、株や抵当権を持っていただろうか。生命保険は契約していたのか。外貨はあっただろうか。そして、死者にはどこかに移住した血縁者がいるのか。

このような難問を前にフェレンツらがまず着手したのは、ドイツ・ユダヤ人の過去の財産状況と、彼らの運命を把握することであった。これには人海戦術を取るしか方法がなかった。ＪＲＳＯの本部はニュルンベルクにあり、さらにフランクフルトやミュンヘンなど、いくつかの都市に支局が置かれ、多いときで三〇〇人を超える「反ナチ」のドイツ人補助員が雇われた。財務局の記録、競売品リスト、強制収容所への移送者名簿、こういった情報をかたっぱしから集め、さらに定年退職している土地登記所の元職員も雇って、土地台帳上の所有者の変更を調査させた。

それでも、個別の事例で財産の収奪を証明する余裕はない。このためフェレンツらは、一九三三年以降、所有者に変更があった財産で、ユダヤ人のものであったと思われるものは、すべて返還申請することにした。元の所有者の姓名が「ユダヤ的」であれば――たとえば「モーゼス」や「ゴルトシュタイン」、「コーエン」など――すべて強制的なアーリア化を疑って申請するのである。いったん返還を申請してしまえば、その後所有者が南米のどこかの国に生きていることが確認されても、または元の所有者が単に「ユダヤ人に多い」名前を持つドイツ人であったことが判明しても、申請を取り下げればよいだけだ。逆に申請しなかった場合は、これを取り戻す機会は永久に失われてしまう。

こうして、一二月の締め切りを目前にして、三〇〇人以上のスタッフが三シフトの二四時間体制で作業して、一日平均二〇〇〇件の申請書類を作成した[9]。コピー機など存在しない時代である。転写用のカーボン紙を重ねて、タイプライターで打ち続けるのだ。一日二〇〇〇件の書類作成が、いかなる労働を意味していたかは、想像するよりほかはない。一二月三一日の締め切り当日は、軍の救急車を借り出して、サイレンを鳴らして道を開けさせ、閉室直前の申請窓口に書類を持ち込んだという[10]。こうした努力の甲斐があって、ＪＲＳＯは期限内に一六万三〇七五件、返還を申請した（しかし申請の重複などの理由で、約二万五〇〇〇件が後で取り下げられた[11]）。

JRSOのスタッフ。中央の明るい色の背広がフェレンツ。
（USHMM, #41624）

しかし、このような大量申請ゆえの思わぬエピソードもある。かつてアルフレート・ローゼンベルクという名の人物がベルリンに所有していた邸宅を、その名前からユダヤ人であろうと推測して申請したところ、実はナチのイデオローグとして悪名高い例のローゼンベルクであったと後に判明したという[12]。ちなみに、ローゼンベルクはニュルンベルク裁判の結果、一九四六年に絞首刑になっているので、自分が売った家をユダヤ人団体が返還申請してしまったとは知る由もなかったが。

ドイツ人所有者と対決する

さて、ドイツで実際の財産返還は、どのように進んだのだろうか。ここでは主にアメリカ地区での様子を見てみよう。

まず、旧ユダヤ人財産の所有者のところに、返還事務局から「あなたの土地や家に返還が申し立てられています」という趣旨の通達がいく。返還申請者としては、財産を失ったユダヤ人本人（もしくはその相続人）と、死亡したユダヤ人の代理としてのユダヤ人継承組織の二通りが考えられる。継承組織からの返還請求を受けたドイツ人は、この時点で、自分が物件を買ったユダヤ人が死者となっていることを確認するのだ。

しかし、なかには通知を受けて驚く人もいる。なにせ、返還を求められる人物がユダヤ人と売買契約を結んだ本人であるとは限らない。ナチ時代、アーリア化物件は転売され、その由来を知らない第三者が購入することもあった。また、ドイツの戦況が悪化すると、敗戦後の返還を予想して、さっさと購入物を処分してしまった人もいた。返還法が出される直前にも、にわかに不動産物件が出回りはじめ、古美術商やオークションハウスの動きが活発化したと報告されている[13]。

ところで、アーリア化といっても、どれほどの安値で取引された場合に、ユダヤ人の苦境につけ込んだ「不正」な売買と見なされるのだろうか。一九三八年にアーリア化が国の関与で急進化する以前から、「私的」なアーリア化は進んでいたわけだが、どの時点からユダヤ人は望まぬ取引を強いられたと判断されるのか。

英・米地区の返還法は、一九三五年九月一五日の「ニュルンベルク諸法」の公布を、ユダヤ人との取引になんらかの「強制的」な要素が生まれた時点と断定した[14]。つまり、これ以降にユダヤ人が財産を手放した場合、これは圧力の下でなされた取引と見なされ、購入者は自動的に返還義務を負う。個人としては売り手を脅迫したり、値を引き下げるような行為はしていなくても、返還を免れないのである（ちなみに、現在の歴史研究においては、ニュルンベルク法の公布はアーリア化の大幅な増加につながっていないことが指摘されている）。

この点からも、返還法は一般的にドイツ人の財産所有者に厳しいものであったが、くわえて英・米地区返還法が「善意」の取得者に対する保護を認めない点が、ドイツ人には不利であると考えられた。「善意」というのは、民法上、単に「知らなかった」ということを意味し、転売されたアーリア化物件を、その出所を知らずに購入した場合が該当する。盗品をそれと知らずに買った人のケースを考えればよい。ドイツの民法では通常、「善意」の取得者は保護される。これを認めない英・米返還法では、ある日突然、自分が住んでいる家に返還申請が出されていると知らされて狼狽するという事態が発生するのである。

また、競売品を買った人の場合だと、どれがユダヤ人からの没収品で、どれがそうでないのかは必ずしも区別できない。とはいえ、全般的な社会状況から見て、移住するユダヤ人の不動産が市場に出回り、強制収容所に移送されたユダヤ人の所有物が競売にかけられていたのは明らかであった。

この厳しい返還法が、西ドイツ全域で施行されたのなら、法の均一な適用という観点からは、それでよかったのかもしれない。問題は、占領地区により返還法の厳格さに差があったことだ。フランス地区では「善意」の取得者は保護されたし（第六条）、売買契約に圧力が介在する開始時点は、一九三八年六月一四日のユダヤ人経営の登録義務化とされ（第三条）、したがって自動的な返還義務が生じる時点も、英米返還法から三年近くも遅かった。[15] つまり、返還をめぐる環境は財産の所在地によって同一ではなかったのだ。

さて、返還申請が受理されると、財産の旧所有者と現在の所有者は、まず話し合いによる和解を勧告される。[16] 和解の方法としては二つあり、ひとつには財産をそのまま返還することである。原則として、ユダヤ人は財産売却時に受け取った額を払い戻さねばならない。もうひとつは、物件を安く手に入れた側が、本来支払うべき評価額と実際の購入額の差額を、旧所有者に対して支払うことで、引き続き所有を認められることである。ユダヤ人が海外に移住して、もはやドイツに戻る予定がない場合、現物の返還にはあまり意味がなかったからだ。

この二つの選択肢で、返還を求める側と求められる側の合意が成立しなかった場合は、裁判になる。これを審理するのはドイツの法廷で、ドイツ人の裁判官が判決を下す。

ここで、ナチ時代と戦後のドイツ司法における連続性を思い出す必要がある。ナチ時代、裁判官はほとんどがナチ党員であった。党員でなければ出世できなかったからである。法律の専門家としての彼らは、非ナチ化を済ませた後、再び法服を着て戻ってきた。つまり、ユダヤ人の財産を取り上げたのがナチ法の執行者としての裁判官であるなら、その返還を裁定するのも彼らであった。

現に、ドイツ人裁判官の出す判決には、ナチ犠牲者に対して不利な判決が少なくなかった。このため第三審として、連合軍政府が管轄する返還の最高裁判所が各占領地区に置かれていた。アメリカ地区の「返還控訴裁判所（Court of Restitution Appeals)」、イギリス地区の「再審裁判所（Board of Review)」、フランス地区の「返還上級裁判所（Cour supérieur pour les restitutions)」である。これらの裁判所の判事は連合国国籍であり、ドイツ人裁判官による「不当判決」を見直す役割を担っていたのだ。現に、アメリカ地区の「返還控訴裁判所」における判例を見ると、八四パーセントの割合で犠牲者に有利な判決を下して、高等地方裁判所の判決を覆している。これに対して、ドイツ人購入者に対して有利な判決が下されたのは、一六パーセントに過ぎない[17]。

つまり、ユダヤ人に対する財産返還を主導したのは、勝者である占領軍であった。そもそも返還法は軍政府による特別法であったし、連邦共和国（西ドイツ）が完全に主権を回復する一九五五年まで、ドイツ側は補償問題については決定権を持っていなかったのである。このため、返還法は「勝者の法」であると見なされ、その権威を認めない風潮が生まれた。ドイツが主権を回復すれば、返還法は廃止されると読んで、ユダヤ人との和解を拒絶し、裁判にもちこんで時間稼ぎをする風潮が広がった。裁判が続くあいだは権利関係は確定しないため、ユダヤ人が自分の家にいつまでも戻れない状況が生まれていた。ユダヤ人にとって財産を取り戻す闘いとは、ドイツ人の無理解、無関心との闘いでもあった。

ここで、あるユダヤ人の返還裁判を見てみよう。

ヘルツ対ケルン[18]

ハンブルクのビジネスマン、ヒューゴ・ヘルツは、「アーリア人」と結婚している、いわゆる混合婚の「完全ユダヤ人」（祖父母四人がすべてユダヤ人）であった。混合婚により、強制収容所への移送からは保護されていたが、彼も一九三八年一一月のポグロムの後の強制的なアーリア化を逃れることはできなかった。自宅と土地が押さえられ、「ハンブルク不動産管理会社」の管理下に置かれた。この会社は、強制的なアーリア化の対象物件を、新たな買い手が見つかるまで管理する会社であった。手数料と称して、購入者に「寄付」をさせ、ナチ党へ還流させていた。

一九三八年一二月六日、ヘルツの土地と家はエリカ・ケルンという人物に売却された。彼女はドイツ人と結婚したスイス人であった。購入価格は通常の価格よりもちろん低いので、ケルンが得をした分は「寄付」として、先の「ハンブルク不動産管理会社」へ支払うこととなった。この時期には土地などのアーリア化はすべて許可制となっており、これを払わないと売買は認可されない。ヘルツ側の売却益三万二一五〇マルクは、凍結口座に振り込まれ、もちろん本人の自由にはならなかった。

家を追われたヘルツは、アパートを借り、さらに心労で床についてしまった妻を看護しなければならなかった。ユダヤ人にはすでに就労の道は閉ざされていたので、ヘルツは毎月の生活費として凍結口座から引き出せる四五〇マルク（後には三二〇マルクへ減額）で、終戦まで何とか持ちこたえたのであった。

戦後、ヘルツはイギリス地区返還法に基づき、ケルンに対して土地と家の返還を求めた。ここで、ヘルツはエリカ・ケルンの配偶者である、ドイツ人、アーノルト・ケルンと初めて顔を合わせた。ケルンは、自分たちが支払った購入額と、本来の販売価格の差額を支払って家を引き続き所有することを望んだが、ヘルツは現物の返還を要求した。これに腹を立てたアーノルト・ケルンは、次のようにヘルツに書き送っている。（〔 〕内筆者）

私の妻は、この土地を当時まったく問題のない方法で、実に適正な価格と条件で購入している。ご存じの通り、妻はスイス国籍なので、ドイツ側によってあなたたちになされた不正に対して、いかなる道義的・法的責任も感じなければ、これを認めることもできない。……前政権がしたことに対しては、現政権が何とかするべきだろう。……個人的なレベルでは、あなた方が相当な物的損害を被ったことは疑うべくもない。しかし、私の妻は（そして私もだが）、戦争の被害だとか、〔ライヒスマルクからドイツマルクへの〕通貨切り替えなどで、大部分の財産を失っているので、彼女にも残っている財産を守る理由は十分にある。

ケルン側の論点は、ユダヤ人迫害は国策であったので、ヘルツが土地を売らなければならなくなった状況に自分たちは責任がないということである。また、ユダヤ人が受けた迫害を、ドイツが戦争に負けて被った損害で相殺させるのは、当時の典型的な現状認識であった。ユダヤ人迫害の「ツケ」は、敗戦の苦痛で支払い済みだと多くのドイツ人が感じていた。実際、連合軍の爆撃によりドイツの都市は瓦礫の山と化しており、そこにドイツ東部領を追われた人びとが加わって、残り少ない住居を取り合っていた。ひどい住宅難の中で家を明け渡すということは、自分がホームレスになることを意味していた。

しかし一九五〇年四月、ケルンは地方裁判所から財産の返還命令を受けた。だが、ケルンには自分たちが犠牲者であるように思えてならない。ケルンはヘルツへ家を引き渡すことを、なんとしても妨害する決心をしたようだ。ケルンはまず、自分が支払った額の全額返還を要求した。

土地などの現物が返還される場合、ユダヤ人は売却の際に受け取ったことになっている額を、現所有者に支払わなくてはならない。しかし、ヘルツのケースがそうであったように、実際には売却益は凍結口座に振り込まれ、売った本人は自由に使えなかった。このためヘルツは、売却額の一括返済は不可能であるとして、その猶予もしくは免除を申し出た。

ケルンはここに噛みついた。ヘルツは結局、迫害を生き延びることができたのだし、生き残ったという事実が、ヘルツの状況がそれほど悪くなかったことの証明だというのである。したがって、支払いを猶予するほどヘルツは経済的に困っていないと言う。さらには、自分が修理した屋根の代金であるとか、微細な請求を重ね、ついには「ハンブルク不動産管理会社」に支払った「寄付金」の払い戻しまでヘルツに要求した。

元ナチ党員が裁判官席に座る地方裁判所は、さすがに「寄付金」の払い戻し請求には根拠がないとしたが、ヘルツがケルンに九一七二マルクを支払うよう命じた。そうでなければ、単にケルンが大金をすっただけで終わってしまい、結果的にヘルツが「得をする」というのである。この判決に対し、高等地方裁判所は裁判のやり直しを命じ、再び地方裁判所に差し戻した。

このとき、再審裁判所（Board of Review）が介入した。これはイギリスが管轄する裁判所で、判事はイギリス人である。一九五四年四月、再審裁判所は、ヘルツの売却益は凍結口座に入金されたため、本人は戦後になるまで自由に使えず、ケルンに対して対価を支払う義務はないという判断を下し、ヘルツ対ケルン裁判はここに決着した。

提訴からすでに六年近く経過していた。裁判が続く間、ヘルツの家にはケルンが住み続けていた。

国と争う

ある意味では、ドイツ人所有者個人と返還を争う方が、顔の見えない国と争うよりは楽だったかもしれない。

第一部「略奪」で見たように、ユダヤ人の財産の最大の受益者は国であった。税金という形でまったく「合法的」な収奪を行なったのは財務省であり、これを粛々と徴収したのは各地の財務局員たちであった。国籍喪失という名目で、移住したユダヤ人も、強制収容所に送られた者も、財産を国庫に奪い取られた。このような場合、返還訴訟の被告は国である。しかし、返還法が施行された時点では、まだ主権を持つドイツという国は存在していないので、請求はラント（州）の財務省に向けられ、結果として上級財務官（Oberfinanzpräsident）が被告席に座ることになる。

国を相手取った返還訴訟は、ドイツ人個人に対する訴訟より、ずっと数が多かった。同時に、個人と争うより時間がかかることも少なくなかった。なぜなら、返還が生活に直接影響する個人とは異なり、国は金銭的な理由から早期解決を求める必要もない。法廷に出廷するのも財務局員の日々の仕事のうちであり、判決に不服であれば控訴すればよく、肝心なのは最終的に公的な出費を抑えることであった。

くわえて、財務局という機構は、司法の場と同じく、ナチ時代からの連続性の上にある。ナチ時代、末端の役人は上からの命令を実行していたに過ぎないので、体制が代わると、今度は同じように上からの命令で返還処理をこなすことになる。財務局員たちは財産剥奪の執行者であったからこそ、素人にはわからないような複雑な税率計算など、収奪の全体像を把握しており、それが皮肉にも彼らをして戦後の返還に不可欠な知識源たらしめていたのである[19]。

国による返還は、三段階を経て、少しずつ実現されていった。これは、実に時間と労力のかかる手続きであった。

まず、連合軍が公布した返還法に基づき、土地や家、一部の家具など、まだ存在していて確定できるものが返還された。ここでは、すでに売却されてしまい、もはや見つからないものは対象にならないとされた。

次に、一九五六年の連邦補償法（BEG）により、財産損害が部分的に補償対象となった。出国税などの特別税、八〇パーセント以上の為替損、海外へ物品を持ち出す際の法外な関税や、テレージエンシュタットに「入居」するための「住居購入契約」代金なども、一部補償された。[20]

そして一九五七年に連邦返還法（BRüG）が出されて、国家による没収措置に対する補償がなされることになった。ここで対象となるのは、主に現金、有価証券、宝石など、没収もしくは売却され、確定不可能となった財産である。

これらの返還補償の際の通貨単位は、もちろん戦後のドイツマルクである。ライヒスマルクからドイツマルクへの一〇対一の切り替えにより（場合によっては一〇対二）、返還の額もそれだけ減少したことを忘れてはならない。

さて、こういった返還立法は、原則的には、ドイツで財産を剝奪された人間、つまりドイツ・ユダヤ人を対象としている。なぜなら、これらの法律は「属地主義」の原則をとっている。「属地主義」とは、請求がドイツと何らかの地理的関係を持つ必要性のことをいい、たとえば返還補償の請求者が申請した時点で西ドイツに居住している、戦後一定期間西ドイツに暮らしたことがある、過去においてドイツ帝国領内に居住していた、などが条件とされる。また、ドイツが略奪し、運び去った物品が、西ドイツ国内に存在する場合も、適用対象となる。したがって、フランスやベルギーから「家具作戦」で送られた家財道具なども、連邦返還法で補償されるのである。

しかし、ヨーロッパにおけるナチの略奪は、必ずしも略奪品の帝国内への移動を意味しなかった。むしろ、ユダヤ人の財産は現地で金融資産に転換されて流動化され、必ずしも金品はドイツ国境を越えないまま、戦争のために投入されたのである。では、このような場合は返還も補償もされないのだろうか。

こうした「属地主義」の生む弊害を正すために、一九五〇年代末より西ドイツ政府は、西欧一一ヶ国と、各国のナチ犠牲者の補償のための包括的補償合意を締結した。こうして西欧諸国に住むユダヤ人は、強制労働や強制収容所での自由の剝奪といった非物質的な損害だけでなく、財産損害についても、自国政府が西ドイツから受けとった金で補償されることになったのである。

一方でこれは、ヨーロッパの西と東のユダヤ人犠牲者に、多大な不公平を生む結果になった。なぜなら、西ドイツと国交を持たない東欧諸国の犠牲者は、一切の財産補償から締め出されたからだ。東西ドイツの建国と、東欧諸国による東ドイツの認知とは、冷戦の結果であって、ナチ犯罪においては鉄のカーテンなど存在しなかった。それでも共産圏のユダヤ人は切り捨てられたのである。

総じて、西ドイツでは広範囲な財産返還がなされたと言える。しかし、それは収奪に関わった人びとすべてが、その道義的責任まで含めて、責任と対峙したことを意味しない。第一、かつて「アーリア化市場」で間接的な利益を上げた企業が罪に問われることはなかった。現に、ユダヤ人の住居から家具などを運び出した運送会社などは、返還訴訟における原告側の「証人」として出廷しているくらいだ[21]。財産剝奪に関わった財務局員らも同じように勤務し続け、着々と出世していった。

では、末端で収奪の受益者となった「普通の人びと」の責任は問われたのだろうか。たとえば、地方自治体により競売にかけられた家財道具などを買った人は、返還義務を負ったのだろうか。

原則としては、彼らにも返還義務はあった。財務局員は職業的な緻密さで、競売品をスプーン一本まで記入したのみならず、購入者の名前や住所も書きとめていたので、戦後に購入者を割り出すことは不可能ではなかった。それ以前に、小さな町などでは、誰が競売の常連であったのか、住民なら知っていただろう。しかし国としては、公的な機関が売りに出したものを買った側に責任があるとは、主張できなかった。

結局、競売品については、個人の責任が追求されることはほとんどなかった。末端の受益者までも罪を問われるとすると、一般市民がユダヤ人迫害の受益者であったという構図ができてしまう。それは、西ドイツが否定してきた「集団の罪」の成立を意味し、一部の犯罪者集団と国民一般を切り離すことで国の舵取りを試みた連邦政府としては、受け入れられるものではなかった[22]。

国が責任を引き受けるということは、何らかの形でユダヤ人迫害から間接的に利益を得ていた多くの人間の関与を不問に付し、罪悪感を薄め、結果的に免責することとなった。しかし、収奪に関わったという認識がなかったとしても、実際には、返還補償というナチの負の遺産を清算する行為は、ドイツ国民が税金という形で担ってきたのである。返還裁判に出廷するのが、ユダヤ人の家具を使っている一市民でなく、国の代理人であったとしても、結局、補償費用とは税金のことであった。財産返還に関して、一九九八年までに、西ドイツ政府が支払った金額は、四〇億マルクに上る[23]。ここに連邦補償法（ＢＥＧ）の範疇に入った財産補償も含めると、額はさらに増える。

つまり、ユダヤ人収奪の責任は、これに加担した人、しなかった人、ナチ時代に生まれていなかった人も含め、ドイツ国民すべてが甘受してきたのである。

第五章　公共財産の処分

相続人の地位をめぐって

ユダヤ人の個人財産の返還が、かつての加害者とその犠牲者が対峙する場であったとすれば、ドイツ・ユダヤ人社会が有していた公共財産——シナゴーグや墓地、学校など——の返還は、また違った意味で特筆すべき歴史だろう。

公共財産の返還とは、物的価値の返還を意味しない。それはむしろ付加価値の返還である。ある共同体が体現していた伝統や文化を、再興させることである。そこには、暴力により断ち切られた歴史をいかにつなぎ合わせるか、ドイツ・ユダヤ人社会の文化遺産をどのように未来へ送りわたすのかといった問いがある。これは必然的に、もうひとつの問いを提示する。ホロコースト後の世界において、失われた世界の継承者と見なされるにふさわしいのは誰か。これはドイツ対ユダヤという利害の二項対立ではなく、むしろユダヤ対ユダヤという、後継者の地位をめぐるユダヤ世界内の争いが表面化する場であった。

崩壊したドイツ・ユダヤ人社会の遺産をめぐって、三つのユダヤ人集団がその「正統」な継承者として名乗りをあげた。

ひとつは、戦後ドイツ各地で結成された、ユダヤ人ゲマインデ（信徒共同体）である。もうひとつは、ナチ・ドイツを逃れて海外に移住した、三〇万人弱のドイツ出身のユダヤ人集団である。三つめが、アメリカやパレスチナのシオニストたちである。彼らは、シオニズムに傾斜したユダヤ世界の代弁者を名乗っている。

まず、第一の集団、戦後ドイツのゲマインデである。

彼らは、実際に現地でシナゴーグや墓地を使うのは自分たちであるという理解から、公共財産の相続を当然のことと見なしていた。しかし、実態としてのゲマインデは、五二万五〇〇〇人を数えたかつてのドイツ・ユダヤ人社会の相続人たるには、まったく貧弱なものであった。第一、ドイツ全体でもゲマインデ登録者数は二万人ほどにしかならなかった[1]。最もユダヤ人が多いベルリンでさえ、その数は一九四七年四月の時点で八〇〇〇人弱と、かつての繁栄の面影もなかった。地方ともなれば、「ミニヤン」と呼ばれる礼拝に必要な男性一〇人も確保できない状況であった。

こうした事実にもかかわらず、ゲマインデはみずからを戦前のユダヤ人共同体の道義的かつ法的継承者であると考えていた。彼らに言わせると、戦前と戦後のゲマインデは連続している。それどころか、ゲマインデはナチ時代も断絶せずに続いてきた。ゲマインデ・メンバーの多くが混合婚によって保護され、ドイツ国内にとどまって生き延びた者たちであったため、これは現実に「体験」された連続性でもあった。この理論に立てば、ゲマインデは法的に断絶していないのだから、公共財産の所有権に移動はなかったことになる。フランクフルト・ゲマインデの役員、マックス・カーンは言う。

「ユダヤ人ゲマインデは法的継承者などではない。ゲマインデはまだ存在している[2]」

ゲマインデがみずからを戦前ゲマインデの道義的な後継者であるだけでなく、「法的」な継承者でもあると主張したのは、返還される公共財産が、経済的に脆弱なゲマインデの福祉財源になると考えられたためである。小さな共同体の手にあまる不動産を売れば、迫害で心身ともに打ちのめされ、貧困化し、ただ生まれ育った場所で静かに老後を送りたいと願う、年老いたユダヤ人たちの面倒が見られると思われた。

しかしこれと同じ理由、ホロコースト生存者援助のための資金確保という観点から相続人たらんと欲したのは、移住したドイツ・ユダヤ人も同じであった。一九四〇年代後半のこの当時、西ドイツ政府による個人補償はまだはじまっていない。ほぼ無産の状態で国を追われ、もう何年も親戚や同胞の善意に頼って生きてきた彼らにとって、公共財産の返還とは正当にも自分たちに属するものを取り戻し、そうすることで、貧困のなかで失われた尊厳をも取り戻すことであった。もちろん、自分たちがドイツ・ユダヤ人社会の富を作り上げてきたという自負もあった。

移住したドイツ・ユダヤ人は、「ドイツ出身ユダヤ人評議会（Council of Jews from Germany）」という、ロンドン、ニューヨーク、テルアヴィヴに窓口を持つ国際的な団体に組織されていた。その会長は世界的に著名なラビ、レオ・ベックである。彼らは、移住した自分たちこそが真のドイツ・ユダヤ文化の担い手であると自負しており、ドイツに残る小さなユダヤ人集団は、由緒ある共同体の「残骸」だと見なしていた。くわえて、戦後ゲマインデ・メンバーの大半がキリスト教徒と結婚した「混合婚」のユダヤ人であるという事実は、彼らがユダヤ教の教えから遠く離れた周縁的な集団である証しであるように思われた。したがって、ドイツの公共財産の売却益は、富の形成に貢献した人びと、つまり離散したドイツ出身者のために、優先的に使われるべきだと主張していた。

この二つのドイツ・ユダヤ人の集団の主張を、時代の要請にまったく合わないものとして却下したのが、第三のユダヤ人集団、海外のユダヤ人指導者たちであった。彼らは必ずしもシオニストとは限らなかったが、直近の悲劇により大きくシオニズムに傾いていた。

まず彼らは、「ヒトラーの国」にユダヤ人社会を再建するなど論外だと考えていた。ドイツ国内のゲマインデはユダヤ人の移住もしくは高齢化により自然消滅する運命にあり、将来のない集団に公共財産を残す理由はない。アメリカのユダヤ人団体の幹部は、当時、次のようにヨーロッパから書き送っている。

われわれは、……法人としてのゲマインデの存続のいかんという、狭い法解釈にこだわった問題に対する答えがどうであれ、全ゲマインデ財産を生き残り集団に引き渡すことは、原則として間違いであるという結論に至った。第一に、現ゲマインデはたいていかつての規模の一、二パーセントに過ぎない。第二に、ゲマインデはその大部分がキリスト教徒と結婚したユダヤ人か、または戦前に他のゲマインデに属していたユダヤ人により構成されている。第三に、そしてこれが最も重要なことだが、小さな集団に多くの財産を返還すると、ユダヤ人のドイツ残留を奨励することになりかねない。われわれはそのような結果は間違いであると確信している。(3)

移住したドイツ・ユダヤ人の言い分について、海外のシオニスト指導者たちは、これこそがユダヤ世界の一致団結を妨げる、「同郷団体(Landsmannschaften)」による権利要求であると見なしていた。ホロコーストの後には、ドイツ・ユダヤ人もポーランド・ユダヤ人もなく、「ユダヤ人」あるのみで、全体の利益は特定の集団の利益に優先する。崩壊したユダヤ人共同体の富は、すべて「ユダヤ民族」に帰すべきものであり、パレスチナでの民族の復興、国家の建設に使われることにより、財産にはより高次の意味が与えられ、ディアスポラ（離散）の過去は昇華されると考えていた。

公共財産の継承権の問題は、非常に政治的な問題であった。ドイツという地理性を最大限に考慮すれば、公共財産の売却益は、ドイツと関係を持つ人びとの利益になるように使うのが筋である。しかし、これをユダヤ民族全体に属する富と見なすならば、その恩恵を受ける条件は、ユダヤ民族の構成員であればよいことになる。財産の活用において地理的な制限を取り除くことは、援助を必要としているより多くのユダヤ人に資金が回せることを意味した。

この三つ巴の対立に、上から答えを示したのは、英・米・仏軍政府であった。軍政府は、返還法を施行し、ユダヤ人継承組織の設立を認可したとき、継承組織に対しドイツにおける全公共財産の相続権を認めたのである。ＪＲＳＯ、ＪＴＣ、ＪＴＣフランス部門の三つのユダヤ人継承組織は、ユダヤ人ナチ犠牲者「すべて」の利益を代弁するという条件で、財産の信託団体として連合軍に認可されたのである。言い換えれば、連合軍はドイツの公共財産はユダヤ人犠牲者「すべて」に属するという主張を、認めていたのであった。

この結果、戦後ドイツにユダヤ人ゲマインデが存在しながら、これらには公共財産の所有権はなく、財産の処分・清算を請け負う団体が、財産の所有者となるという状況が生まれた。ただ、宗教生活を維持するために最低限必要なもの――シナゴーグやゲマインデ事務所など――は、ゲマインデへ所有権が譲渡された。もしくは用益権（使用権）のみゲマインデに認められ、一定期間が経過してもまだゲマインデが存続し、不動産を使用しているなら、そのときに所有権が移されることが約束された[4]。

この後、継承組織は、使用されない不動産を売却し、その収益を世界中のホロコースト生存者の救援に役立てた。継承組織による収益配分とその活用については第八章で詳しく扱うが、大部分がイスラエルへ移住したホロコースト生存者の援助に充てられた。援助は困窮度を基準としたため、早くに移住してなんとか生活を立て直し、すでに最悪の状況を脱していたドイツ出身者は、優先的な援助は受けられなかった。「ドイツ出身ユダヤ人評議会」は、こうした方針を不満として、一時はJRSOから脱退している[5]。

公共財産の返還とは、「ユダヤ民族資産」の中にドイツ・ユダヤ人社会の富が吸収されていくということにほかならなかった。これは、自分たちが正統な継承者であると考える内外のドイツ・ユダヤ人にとっては、飲み下すには苦いものであった。特にゲマインデのユダヤ人は、公共財産が二度にわたって、つまり最初はナチにより、二度目は海外の同胞により、取り上げられたと嘆いたが[6]、彼らの訴えに耳を傾ける者は少なかった。なかにはバイエルンのアウクスブルク・ゲマインデのように、裁判で自分たちの権利を主張したものもあったが、一般にドイツのユダヤ人に対する同情は薄かった[7]。なぜなら、イスラエルに移住して、住む家もなくテント暮らしを余儀なくされているホロコースト生存者の状況に比べれば、ドイツでの彼らの生活は、十分に耐え得るものだと見なされたからである。

宗教施設の売却

こうして、三つの継承組織にドイツの公共財産の全所有権が認められたわけだが、宗教施設の処分は、普通の土地や家を売るのとは違う。

たとえば、シナゴーグは売ることができる。破壊されても祈りの場としての神聖さは冒されないが、使われなくなれば、売却可能である。しかし、これがかつて有した神聖さを穢すような用途で使われること——たとえば娼館を営むとか——は当然のことながら禁止されている。また、シナゴーグがキリスト教会として使われることは大きな禁忌事項とされている。これはユダヤ人の歴史を考えれば、もっともなことだろう。古代より、ユダヤ人が征服され追放されるたびに、シナゴーグは教会になり、またモスクになってきたからだ。

シナゴーグの売却を難しくするのは、宗教法から見て可能か可能でないかということではなく、むしろこれが共同体の記憶に関わるものであるからである。シナゴーグが象徴するのは共同体の歴史であり、伝統である。個人のレベルでは、かつて親に手を引かれて礼拝に通い、成人式を迎えた、人生の軌跡そのものであるだろう。したがって、シナゴーグの売却は、記憶に対する攻撃である。記憶には値段がつけられない。

しかし、財産の信託人としての継承組織には、物的価値が唯一の指標となる。物的価値に交換できないものをあえて交換するのだから、これが感情的な反発を受けないはずはない。このため、JRSOのフェレンツらは複数のラビに鑑定書を書いてもらい、どのような条件の下でなら宗教施設の売却が可能であるか、宗教的権威の共通見解を行動指針とした[8]（それでも、バイエルンの田舎町でかつてのシナゴーグをカトリック教会に売ってしまって、非難を浴びたこともあった[9]）。

だが、なかにはどうしても売買には適さないとされるものがあった。墓地である。

終戦時に、後の西ドイツ地域だけでも、使われていない墓地が一七〇〇ヶ所あり[10]、その多くは荒れ放題で草に覆われ、墓石が引き倒されたままになっていた。当時、生きているユダヤ人の数より、墓地のほうが多いとさえ言われたが、小さな町ではそれは現実であった。

ユダヤ教の教えでは、死者の眠りは永遠に妨げられてはならない。遺体を掘り起こして、他の場所に移すことはできない。原則として墓地は永久に維持されねばならない。ヒトラー以前は、ユダヤ人墓地はゲマインデが管理していたが、ユダヤ人がほとんどいなくなってしまった今となっては、各地に散らばる大小無数の墓地を維持・管理するだけの人材も資力もない。では誰が墓地の管理義務を有するのか。

理論的には、継承組織にすべての公共財産の所有権があるならば、そこには墓地も含まれる。したがって、継承組織に管理義務があると見なすことができる。しかし、墓地の管理は所有権の問題ではなく、墓地の手入れをする人間がいないという状態を生じさせた本人、ドイツ国家が責任を持つべきだとユダヤ人は主張した[11]。これに対しドイツ側は、国はユダヤ教の宗教戒律の実践とはなんら関係はなく、死者の永遠の眠りうんぬんといったものに束縛される理由はないと反論したのであった。

墓地の管理義務の問題は、長年ドイツ政府との補償交渉の議題にあがり続けた。財務省の役人たちとの会合の席で、ドイツ側の対応に激怒したフェレンツが、机の上にアウシュヴィッツから持ち帰った骨片をぶちまけ、善処を迫ったこともあった[12]。

一九五六年八月三一日、連邦政府と州政府は、ユダヤ人墓地を国と州の負担で恒久的に維持することを決定し、九月のユダヤ暦の新年にあわせて、その良き日に発表した[13]。こうして、ドイツにおいてユダヤ人墓地は「永久」に公的資金で維持管理されることとなった。これは、ユダヤ人がいなくなった東欧で、多くの墓地が荒れたままになっている状況とは対照的である。

フルダの税関地下にシナゴーグがある理由

ヘッセン州フルダの税関地下には、小さなシナゴーグがある。その壁にはこう書かれている。

……暴力支配の時代に墓地が強制的に解体されるまで、この場所で永遠の眠りについたフルダの古き、誇り高きゲマインデのユダヤ人たちを記憶にとどめるために、この部屋を捧げる[14]。

なぜこのような場所に、シナゴーグがあるのか。ここには公共財産の返還にまつわるエピソードがある。

古い歴史を持つフルダのユダヤ人ゲマインデには、新旧二つの墓地があった。古い墓地はラバヌス通りとステュルミウス通りの角にあり、二〇世紀に入る頃には、もはやここでは埋葬は行なわれておらず、一九〇六年に完全に閉鎖された。

フルダ市は、一九三八年一一月一四日に、この墓地を現地のユダヤ人ゲマインデから買い上げた[15]。ポグロムの後の強制的なアーリア化の一例である。一九四〇年、市は墓を掘り起こし、遺骨を新しい墓地へ移した後、敷地を均してしまい、跡地は農耕地として使われた[16]。

戦後、フルダ市は墓地の返還を求められた。そして公共財産の法的な継承者であるＪＲＳＯが、一九四九年に墓地の返還を受けた。この場所は後年、フルダ市の再開発地域の一部に指定され、土地収用の対象となった。一見したところ墓石も遺骨もないため、一九五二年、ＪＲＳＯは市に八万マルクで土地を売却することにした[17]。

一方、フルダには戦後に再結成されたゲマインデがあった。ゲマインデ内には売却に反対する声もあったが、建物が建設される一角を除いて、墓地跡にはこの先五〇年間は何もつくらず、緑地として維持することを条件に、ゲマインデ理事会は売却に合意した[18]。

ところが、実際の売買契約には、建設予定地以外は緑地とすること、この場所がかつて墓地であったことを記す碑を建てることは盛り込まれたが、どういう理由からか、五〇年間の建築禁止については言及がなかった[19]。

この後、フルダ市はなにやら秘密裡に工事を進めたようである。建設が予定されたのは税関で、公共施設であるにもかかわらず、定礎式も鍬入れ式もなかった。それもそのはず、売買契約においては、建築される部分は旧墓地のごく一部のはずだったのに、実際には墓地の面積の六〇パーセントが、建設予定地に組み込まれていたのである。

そしてある日、パワーショベルで掘り返していたら、人骨が出てきた。人骨が出たことは、工事現場からも、市の担当者からも、ゲマインデに知らされなかった。しばらくしてこのニュースが地元のフルダ新聞に載るところとなった。ラビがあわてて現場に向かうと、すでに縦穴が掘られるまで工事は進んでいた。探すまでもなく、積み上げられた土砂の中に人骨が見つかった[20]。

フルダ市の契約不履行は明らかであった。税関の建物だけでなく、緑地とすることになっていた場所に、ガレージを立てる計画があることさえ判明した。JRSOは建設の中止を要求せざるを得なかった[21]。しかし、工事が進んでいる以上、建物の取り壊しということになれば国側の経済的損失は大きい。だが、墓地の上には、宗教法上、シナゴーグなどを除けば、建物を建ててはならない。ラビが集まって協議し、打開策が模索された。

ひとつの提案がなされた。税関に物置として設けられる地下室を、シナゴーグにしてはどうか。こうすれば、一階より上にある税関は、墓地であった場所に直接触れていることにはならない。つまり、建設予定の税関を、一階分、「持ち上げる」というのである。

この「珍案」のおかげで、税関は建物の取り壊しという最悪の事態を避けることができた。こうしてフルダの税関の半地下に、一二平方メートルほどの、おそらくは世界でも類を見ない小さなシナゴーグが誕生したのであった。[22] その経費を負担したのはもちろん、財務省である。なお、ガレージ建築予定であった場所は、約束どおり緑地化された。ここに建設されることは今後もない。それは、この土地が建築禁止区域であることを土地台帳に記載するようJRSOが裁判所に訴え、認められたからである。[23] そして現在、この場所は、「エルサレム広場」という名で知られている。

「また焼却炉に送ったのか！」

処分する公共財産は、不動産だけではない。トーラー（聖書）をはじめ、さまざまな宗教道具、図書、公文書、絵画。こういったユダヤ文化財をナチはヨーロッパ中から収集した。

ドイツの都市への爆撃がひどくなり、また敗戦が色濃くなると、ナチ政府は国宝級の美術品や貨幣、そして犠牲者からの略奪品を、ドイツ国内だけでなく、占領地の城や地下坑などに隠した。これらはドイツ軍の降伏後に各地で発見され、連合軍により保護された。ソ連軍に発見された場合は、モスクワに送られてしまったが、幸運なことに、後にアメリカ軍の支配下に入る地域で多くの文化財が発見された。なかでも有名なのが、テューリンゲン、メルカースの岩塩坑でアメリカ軍が見つけたナチの財宝であろう。地下の岩塩坑には、ベルリンの美術館から送られた絵画だけでなく、帝国銀行の金塊、外貨、親衛隊が強制収容所などで没収した品々も送られていた。

ユダヤ文化財の回収作業のためにアメリカ占領地区で設立されたのが、「ユダヤ文化復興局（ＪＣＲ）」（以下、文化復興局）である。法的にはＪＲＳＯの一部門であるが、文化財を専門的に扱うので、ＪＲＳＯからは独立して活動した。復興局のスタッフはむしろ歴史家など、文化財に明るい専門家からなっており、その局長は、著名なユダヤ史家でコロンビア大学教授のサロ・Ｗ・バロンであった。アメリカに亡命していたハナ・アーレントも、文化復興局の執行書記として、一九四九年夏、現地調査ためにドイツに派遣されている。他には碩学ゲルショム・ショーレムや、ヘブライ大学の図書館長なども名を連ねた。発見された文化財がアメリカ地区に集中していたため、英・仏地区では、文化財のみを扱う団体は設立されなかったが、ＪＴＣとＪＴＣフランス部門が文化復興局と協力する体制をとった。

アメリカ軍が発見したユダヤ文化財は、分別のためにヘッセンのオッフェンバッハの倉庫に集められた。所有者を見つけるために、ここに一定期間展示されたのである。原則として、文化財の出身地が判別したものは、そこに戻されたが、よほど貴重でその存在が知られたもので

メルカースの岩塩坑。
（USHMM, #80500）

なければ、ヨーロッパ中から集められた文化財の出身地を突き止めるのは困難を極める。特に、銀の宗教道具などは、おおよそ判別不可能であった。図書の場合、所蔵図書館のスタンプが鍵となった。

結局、出身地に戻せないものが大半を占めた。まず、こういった文化財を使用していた共同体がもはや存在していないことが多かったし、図書なども、現地のユダヤ人口がほとんどなくなった以上、主に非ユダヤ人の利用に供する公立図書館に引き渡すことには異論があった。したがって、文化財も文化復興局を通して移転・配分されることとなった。

文化財のなかでもっとも大切なのは、聖書、トーラーである。破れたトーラーは、修復できるものはイスラエルに送られ修理された後、これを所望する世界各地の共同体に配られた。一九五二年までに分配されたトーラー一一五一本のうち、九三一本はイスラエルへ、一一〇本はアメリカへ、残りがヨーロッパのユダヤ人共同体へ送られた[24]。ちなみに、修復不可能なトーラーは、ユダヤ教の教えに従い、墓地に埋葬された。

メノラー（六本枝の銀の燭台）やその他多くの宗教道具は、イスラエルやアメリカの博物館へと送られた。ここでも、分配の優先順位はイスラエルの博物館にあった。

図書は、世界各地の大学図書館や研究所へ送られた。ヘブライ大学図書館の蔵書の基礎は、こうして作られた。しかし、こういった移転作業も、やはり経費を考慮せずにはできないのが当時の状況である。たとえば本の場合、希少本でないもの、複製が存在するものは時間と費用をかけてヨーロッパから持ち出す価値はない。価値の低いものは諦めざるを得なかった。最終的に、全体で文化財の約四割は、イスラエルへ送られた[25]。

文化的に見て価値のあるものは配分されたが、なかには処分に困るものもあった。修理できないほど破損した宗教道具。大量の銀製のスプーンやフォークもある。また、犠牲者の結婚指輪についても同じである。これらは分配には適さないし、持ち主が見つかる可能性もない。溶解して、売却するよりほかに活用の道はないので、ロンドンへ送られ溶解された。

しかし、「モノ」をそれ以上の「物」たらしめているものは、付加価値である。ある金《きん》の指輪が結婚指輪であって、純度や重さが価格を決める金属片でないのは、指輪に込められた思い出や歴史があるからだ。溶かされて元素記号が表わす塊になったとき、もはやかつてのような価値はない。

それでも過去をそのように葬り去るには抵抗がある。宗教道具を溶解処分した事実がＪＲＳＯの総会で事後報告されると、正統派ユダヤ教徒の団体、アグダット・イスラエルの代表が、「聖なるものを取り戻したというのに、また焼却炉に送ったのか！」と怒りに震えて抗議したとフェレンツは語っている[26]。

このエピソードが図らずも示したのは、当時のユダヤ人たちには、現実的な選択をして、未来を志向する以外に道がなかったということだ。彼らは物的価値のあるものとないものを分け、価値のあるものだけを、未来を担うことができる人たちがいる場所に送るという、ある意味で

オッフェンバッハに展示されたメノラー。
(USHMM, #48731)

オッフェンバッハに展示されたシナゴーグ内の装飾品。
（USHMM, #48740）

ブーヘンヴァルト強制収容所で見つかった収容者のスプーンやフォーク。(USHMM, #80624)

残酷な選択を迫られた。だから、「未来がない」と見なされたヨーロッパの共同体には、必要最低限しか与えられなかったのである。

歴史の継承者

ヨーロッパで回収された文化財の、主たる受取人がイスラエルであったことはすでに述べたが、当時のユダヤ人口は、イスラエルよりアメリカのほうが多かったことを考える必要がある。確かに、比較的裕福なアメリカのユダヤ人社会より、発展途上のイスラエルのほうが、現実に文化財を必要としていただろう。しかし、文化財の分配には、需要より重要な基準があった。

それは、ヨーロッパにユダヤ世界の中心があった時代は終わり、新しいユダヤ人の中心地が生まれたという認識であった。多大な犠牲の上に成立したユダヤ人国家こそが、失われたユダヤ世界の継承者たり得るのだ。これは、ヨーロッパ・ユダヤ人社会の歴史と伝統は、イスラエルに受け継がれ、つむがれていくという、未来に向けた意思表明でもあった。

こうしたユダヤ世界の新しいイデオロギーを端的に示すのが、歴史文書の返還である。ヨーロッパ中でナチが収集したユダヤ人共同体の歴史文書は、戦後、原則として元の場所へ戻された。しかし現在、われわれがヨーロッパの文書館を訪ねて気づくのは、ユダヤ人社会に関する史料で、ホロコースト以前の時代のものは、ヨーロッパにはないことが多いという事実である。

特に、ドイツの文書館で一八七〇年以前のユダヤ人ゲマインデの史料を見つけることは著しく困難である。州立文書館でも、連邦文書館でも、断片的な史料は存在しても、オリジナルは存在しない。それは、西ドイツでいっさいの公共財の相続人となったユダヤ人継承組織が、ゲマインデの歴史文書をイスラエルの国立文書館（現「ユダヤ民族史中央文書館」）に送ったからである。

当然、文書が返還されたとき、これを現地のゲマインデに引き渡すべきか、それとも図書館や公立の文書館など、公共性の高い場所に寄贈すべきかという議論がなされた。結論としては、そのどちらでもなかった。戦後再建された小さなゲマインデは、長い歴史と文化を誇るドイツ・ユダヤ人社会の継承者を名乗るに値せず、ユダヤ人を追い出した国は、ユダヤ人の歴史の管理者としての資格がなかった。

たとえば、中世においてユダヤ教の学問の中心地であった、南西ドイツ、ヴォルムスの例を見てみよう。第二次世界大戦後、ヴォルムスの教会の壁から、ナチの押収を逃れるために隠されていたゲマインデの文書が見つかった。このなかには、一三世紀までさかのぼる祈禱書や、神聖ローマ皇帝の勅印のある文書など、非常に歴史的価値の高い文書が含まれていた。もちろんヴォルムス市は、これらの文書を手放そうとはしなかった。市と継承組織（JTCフランス部門）との交渉は長引き、連邦首相アデナウアーの介入の後、ようやくオリジナルはエルサレムへ、コピーがヴォルムス市へという合意に至ったのは、一九五〇年代末であった(27)。

またハンブルクでは、当地のユダヤ人ゲマインデの史料は、ナチズムの到来以前にすでにハンブルク市図書館に寄贈されていた。したがって市立図書館は正当な所有者であり、ナチ時代には史料をゲシュタポの押収から守ったというエピソード付きの、むしろ優良な保管者であった。戦後、この文書の所有権をめぐって、ハンブルク市とユダヤ人継承組織（ＪＴＣ）が争い、結局ゲマインデ内史料、つまりユダヤ人同士の関係についての文書はエルサレムに送られ、これに対してゲマインデと市との間で交わされた文書は、ハンブルク市が保管することで何とか折り合いがつけられた。互いに欠落する部分は、マイクロフィルムで補われている[28]。

歴史文書を所有することは、「過去」を所有することである。歴史の連続性は、共同体としての正統性を担保する。その意味でも、ドイツ・ユダヤ人の歴史は、ナチズムで断絶させられたのである。ここには、崩壊したドイツのユダヤ人共同体の歴史は、今後はイスラエルにおいて書き続けられるのだという強力なシオニスト・イデオロギーがある。

「過去」を所有する者は、「現在」の主人でもある。言い換えれば、歴史の所有者は、現在の政治の所有者であるのだ。それは、ホロコースト後のユダヤ人の歴史が、明らかにイスラエルを中心に記述され、その政治的解釈もシオニスト的視点からなされることが多い事実に現われているだろう。

第三部

補償

第六章　冷戦後の再展開

東欧のユダヤ人財産

一九五七年の連邦返還法で、国家（＝ドイツ帝国）により財産を没収された人びとが補償された後、返還問題は休止状態に入った。冷戦が続くかぎり、東欧で進展は望めなかった。こうした状況が三〇年ほど続いた後、突然ベルリンの壁が崩壊して、状況は一変した。共産主義体制下で国有化された財産の私有化への動きが、長く凍結されていたユダヤ人の財産問題を再燃させたのだ。東欧の体制転換は、ユダヤ人財産の返還補償の第二幕を開けたのである。

ユダヤ人団体は、東欧での返還実現に向けて、一九九二年にいち早く「世界ユダヤ人返還組織（WJRO）」（以下、「世界返還組織」）を設立した。[1] これは対ドイツ物的損害請求会議、世界ユダヤ人会議、ジョイント、ユダヤ機関を含む八つの世界的なユダヤ人団体により構成される上部団体で、返還問題に関して、イスラエルも含めたユダヤ世界の代弁者を自負している。その任務は、まず返還にむけて東欧の新政権と交渉することである。

ここでユダヤ人らが繰り返したのは、自分たちは「二重の犠牲者」であるということであった。財産をまずナチに奪われ、その後で共産主義政権によって国有化され、二度の剝奪を経験したというのである。したがって、順序からしてユダヤ人の犠牲者が先に返還を受けるべきであるという。そのためには財産返還の対象者に、共産主義体制の犠牲者だけでなく、ユダヤ人も含まれることを認めさせなければならない。

世界返還組織の会長には、当時、世界ユダヤ人会議の会長であったエドガー・ブロンフマンが就任した。ブロンフマンは、巨大飲料水メーカー、シーグラムの元会長で、米民主党の大口献金者として知られていた。彼の政界への太いパイプは、権力の頂上まで、つまり大統領まで直接につながっていた。彼は当時のクリントン大統領夫妻とファーストネームで呼び合う仲でさえあった。[2] 実際、クリントン政権は二〇〇一年に任期が終わるまで、非常に強力な後ろ盾として、ユダヤ人の返還要求を後押ししたのである。

ブロンフマンに期待された役割が語るように、東欧の返還において政治力は重要な要素だと考えられた。なぜなら、一九九〇年代初頭の東欧では、すべてが流動的であった。民主化路線を掲げた新政権は安定せず、経済は低迷した。東欧が移行期にあったからこそ、逆にさまざまな改革と試みの余地もあったと言える。というのも、所有関係の安定は社会の基礎である。国有財産の私有化がなされた後で、共産主義体制以前の犠牲者の権利回復を求めても、見込みはないであろう。このような状況下で、目標を達成する最良の手段は、西側からの政治的圧力であることは明らかであった。時に、一九九五年一二月にヨーロッパ議会は、東欧での財産返還を勧告する決議をしている。国有化財産の返還は、東欧が民主主義的な国家へと脱皮する踏み絵になると見なされており、返還は西側の経済援助と直結していたのである。

しかし、一概に返還といっても、共産主義体制の犠牲者だけでなく、ユダヤ人に対しても財産を返すとなると、これはまた別の話である。まず、ホロコーストにおける東欧での死者数からいっても、返還されることなく国有化されたユダヤ人財産の規模が非常に大きいことは明らかであった。そして、相当な時間が経過した後の個人財産の返還は、社会生活に甚大な影響を与えるだけでなく、経済を悪化させる可能性がある。

さらに、一世紀の間に三つの異なる体制を経験した東欧では、権利関係は非常に複雑であった。まず、国境線の移動や住民の大規模な入れ替えがあった。同時に、ユダヤ人の請求は類似の請求を呼ぶことが考えられた。どの国にも共産党の下で没収された教会財産の問題があり、さらにポーランドやチェコでは、戦後に追放されたドイツ人の土地返還問題があった。ユダヤ人の場合、「死人に口なし」なので、世界返還組織のような代弁者が出てこざるを得ないが、ドイツ人被追放民の場合、彼らの家族や子孫はドイツで暮らしており、さまざまな同郷会に組織されて政治的にも無視できない勢力となっていた。

そして、第二次世界大戦の古傷をつつくことは、ファシズムに賛同し、市民同胞であったユダヤ人を売り渡した人びとの存在を思い返すことでもあった。財産の国有化とは、土地やモノに対する個人の記憶や愛着を、平等な国家建設の名の下に塗りこめてしまうことであり、本質的には記憶の抹消のことである。これに対し返還とは、土地やモノと人とのつながりの再構築を意味し、それは土地に根ざしたナショナリズムや、かつての階級社会を呼び戻すことも意味していた。ユダヤ人に対する返還は、社会主義に色塗られていたあいだは見えなかった古い対立を表面化させ、政治的な爆弾となる可能性があったのだ。こういったなかで、一九四五年よりさらに前へ時計の針を戻すように求めていたのは、実はユダヤ人だけであった。

ここにおける世界返還組織の戦略は、実現の可能性が高いものから重点的に返還を求めるというものであった。それはまず、ユダヤ人の共同体が所有していた公共財産である。これに対するユダヤ人の権利は明白であり、理解も得やすいと思われた。しかし、実はそれ以外の分野での迅速な返還はとうてい望めないからでもあった。

当面、公共財産の返還に焦点を絞った世界返還組織は、代表団を頻繁にヨーロッパに送り、各国の事務方レベルの担当者との折衝を繰り返した。しかし進展は遅々たるもので、世界返還組織が関わったいくつもの返還法案が各国の議会に提出されては否決され、あと一歩で合意かというところで法案を提出した内閣が倒れ、努力が水泡に帰すことの繰り返しであった(3)。くわえて組織は、かつてドイツでＪＲＳＯなどの継承組織が抱えたのと同じ問題に直面した。ホロコーストとその後の赤い時代をかろうじて生き延びた現地の小規模なユダヤ人共同体が、公共財産の相続権を主張して、世界返還組織に対抗したのである。

世界返還組織は、みずからをユダヤ世界の道義的かつ法的代弁者だと見なしている。したがって、東欧のユダヤ人共同体の利益も、代弁していると考える。さらに組織は、同じようにユダヤ世界の代弁者を自称するイスラエル政府と、正式な合意文書を交わしている。それは、イスラエル国家がみずからを「ユダヤ人公共財産と相続人なきユダヤ人個人財産の、自然法上の、かつ主たる相続人である」[4]とする立場を受け入れたものである。つまりここでも、ヨーロッパのユダヤ人財産を、イスラエルを代表とする「民族」の中に取り戻そうとする、終戦直後の構想が生きているのである。

これに対し、現地の共同体は、共産主義体制の終焉を本当の意味での戦後のはじまりだと考え、共同体の復興には財産が必要だと訴えたのであった。

世界返還組織と現地の共同体の対立は、ポーランドで特に顕著で、どちらが公共財産の返還申請を行なうかという点においてさえ、合意が成立しない有様であった。[5]いつの時代でもそうであったように、ユダヤ人同士の不協和音は、非ユダヤ人の側に付け込まれる原因になる。ユダヤ人が互いに金のことでもめる姿は、反ユダヤ主義者には願ってもないものだ。こういった経験から、世界返還組織は、現地の共同体との協調を重視し、ユダヤ人が一致団結して政府と交渉できるような体制作りを試みたのであった。

さて、東欧の体制転換からもうすぐで二〇年が経過しようとする今、財産返還の最終決算はいかなるものになるだろう。

まず、公共財産は部分的に返還された。「部分的」というのは、実際に使用されている墓地やシナゴーグ、共同体の事務所などが中心的に返還されたためである。つまり、ユダヤ人共同体がこれまでも使用してきたにもかかわらず、所有権は国にあったものが、名義が共同体に書き換えられたということである。特にユダヤ人墓地はそれ以外の使い道がなく、墓地の維持管理には費用がかかるので、所有権をユダヤ人側に返すことはたやすい。これに対して、商業価値のあるものはなかなか返してもらえない。結果として、戻ってきたのは人里離れた場所の墓地ばかり、ということになる。

実際、「北のエルサレム」と呼ばれ、一五〇ものシナゴーグがあったリトアニアのヴィリニュスで、一九九一年から一九九六年の間に返還されたシナゴーグは三つだけであった[6]。また、リトアニア、ルーマニアでは、狭い意味での宗教施設にあたらない学校やクラブ、老人ホームなどは返還対象外とされている。しかし、ブルガリアやエストニアのように、ユダヤ人口がもともと小さかった場所では、対象となる公共財産も少ないゆえ、比較的スムーズに返還がなされた[7]。

他方、個人財産はどうだろうか。

個人財産には二種類あり、旧所有者もしくは相続人が存在する個人財産と、相続人不在の財産がある。前者は、国有化財産の再私有化の枠組みで扱われるもので、他の非ユダヤ人市民と立場は同じだ。これはむしろ個人の問題であるので、ここでの世界返還組織の役割は、個人の請求者の補助にとどまる。

現在までの返還状況は国によって異なるが、旧所有者、もしくはその相続人が戦後も現地に住み続けてきた場合には、多くの国で返還申請が可能であった。しかし、なかにはポーランドのようにまったく個人財産の返還を定めていない国もあり、またチェコやハンガリー、リトアニアなどのように、個人による返還請求を自国民に限った国もある。国籍条項は、むしろドイツ人の被追放民の請求を阻む意図が大きかったと思われるが、ユダヤ人も大半が戦後イスラエルや北米に移住してしまったため、その権利は大幅に制限された。

また、必ずしも不動産が返還されたわけではないことは重要である。不動産そのものの返還はむしろ少なく、その代わりに金銭的な補償が大半を占める。もちろん、戦争中の破壊と戦後の開発で、不動産を返すことが単に不可能となった場合も多い。しかし金銭的解決は、そもそも現物を返すよりずっと安上がりでもある。現に、補償も現金ではなく、代わりに国債であったり、国による土地の競売などで使える引換券であったりする。たとえば、ハンガリーでは、政府はユダヤ人に対して一種の年金支給という形で、財産損害を補償している。

最後に、相続人不在のユダヤ人財産の返還は、まったく実現していない。実現の可能性は、もはや残されていないと思われる。唯一、ラトヴィアでこのような個人財産をユダヤ人共同体に委託することを盛り込んだ法案が作成されたが、議会により否決されている。死者の財産は返還されることがなかった――この事実は、最終的に何を意味するのか。三三〇万人のユダヤ人のうち三〇〇万人が殺されたポーランドのユダヤ人社会を例にとれば、その戦前の富はドイツにより略奪された後、続く四〇年間の共産党支配の間に、ほとんどユダヤ人がいなくなった社会の中に吸収されてしまったということだ。

東ドイツの例外

東欧におけるユダヤ人財産の返還が限定的であるのに対し、唯一、迅速かつ広範囲な返還がなされた国がある。旧東ドイツである。

一九九〇年九月二八日の「未解決の財産問題整理のための法律」（以下「財産整理法」）は、東ドイツ時代に国有化された財産の返還を定めたものである。本来は共産主義体制の犠牲者の救済を目的としたが、返還対象にナチ時代にアーリア化されたり、没収されたりしたユダヤ人財産も含まれることが明示され、戦後返還されなかったユダヤ人財産の問題解決へ道を開いた(8)。ここでは「先に」財産を奪われた人間の請求が優先されるという原則から、ナチ犠牲者の財産の返還は、共産主義の犠牲者のそれに優先された。

重要なのは、金銭補償より、財産そのものの返還が優先されたことだろう。これは他の東欧諸国と大きく異なる点である。具体的には、ユダヤ人がある家の返還を求めた場合、住民は家を明け渡さざるを得ないことになる。この際、住民がどのような経緯で家を所有するに至ったか、それがアーリア化だったのか、国から家を安く買っただけなのかは、関係がない。この場合、他の国では重きをなした現住民の権利保護という観点は、ナチの不正を正すという、より重要な目的に道を譲るのである。したがって、断ち切られた土地とモノへの関係の再構築、ここに旧東ドイツの返還の原点があると言える。ホロコーストにおけるユダヤ人社会の消滅が既成事実となってしまった東欧に対し、ドイツでは、ユダヤ人はかつて住んでいた家に「戻って来る」ことができたのである。

さらに、旧東ドイツでは相続人不在の個人財産も返還されたという点が、他国とは決定的に異なる。かつて西ドイツでは、三つのユダヤ人継承組織がこういった財産の返還を受けたが、旧東ドイツでは、「対ドイツ物的損害請求会議」（請求会議）が継承組織として任命された[9]。請求会議は、半世紀以上前にユダヤ人から奪われたと「思われる」財産の返還を申請する任務を負ったわけだが、かなり前に死んだ人間、しかも家族もろとも殺害された人間の財産を見つけ出すということは、相当困難な仕事である。持ち主本人が生きているのであれば、残した財産に対する思いは家族の中で受け継がれていっただろう。しかし所有者が死亡していると、これがもともとユダヤ人のものであったことを知っているのは、五〇年前にアーリア化した人物だけなのかもしれない。このため、請求会議は歴史家を雇って、ドイツだけでなく、モスクワ、エルサレムの文書館でも調査させた[10]。東ドイツ地域のナチ関連史料はモスクワに送られ、長い間封印されていたのだ。

驚くべきことに、請求会議は、過去の権利関係の再構築という、歴史家が何年もかかってする仕事を、二、三年で、しかも大量に完遂した。それを可能としたのは、やはりユダヤ人が過去に積み上げた返還補償の実績であっただろう。知識と経験の連続性がなければ、短期間での返還申請はほとんど不可能である。たとえば、終戦直後のドイツでJRSOの一員として返還問題に取り組んだソール・ケーガンは、一九九〇年代初頭はまだ現役で、請求会議の執行副会長として、旧東ドイツの返還を引っ張っていた。また、技術的な面でも、過去に三つの継承組織が集めた資料が役に立った。継承組織は一九六〇年代で活動をほぼ終えていたが、いつか東ドイツで返還が実現するかもしれないと考えて、資料は請求会議が管理してきた。したがって、実際に返還が可能となったとき、過去のファイルを調べれば、それだけでかなりの情報が得られたのである。

実際のところ、請求会議はドイツを去ったユダヤ人の子や孫より、残された財産についてよく知っている場合が少なくなかった。ドイツに住んだことのない相続人たちが、期限内に申請書類を完備できないどころか、財産の存在さえも知らない場合が多々あった。

真の権利者が返還申請をしなかった場合、その権利は請求会議により行使される。相続人のいない財産と同じ扱いになり、請求会議が真の権利者に代わって返還を受けるのである。請求会議は、ユダヤ人財産と思しきものは、所有者が生きているかどうかわからなくても、とにかくすべて申請しておいたので、権利の喪失が避けられたのである。

一九九三年から二〇〇六年末までに、請求会議が旧東独の返還から得た収益は、約一五億ユーロ（一ユーロ＝一六〇円で、二四〇〇億円）にのぼる。[11] 旧東ドイツの返還収益は、東欧の体制転換以降、ホロコースト生存者の援助を行なう最大の資金源となっている。具体的には、主にイスラエルと旧ソ連地域で、食事の提供、高齢者の家庭訪問による介護、メンタルケア、老人ホームの拡充などにあてられている。

旧ソ連のユダヤ人は、冷戦が続く間、補償から切り離されていた。生き残りの世代が人生を終えようとしている今、東ドイツに残された同胞の財産が、その生活の苦痛を軽減する手段となったのである。

ヴェルトハイム・デパート

さて、ベルリンのポツダム広場やライプツィヒ広場周辺といえば、今でこそソニープラザやダイムラーベンツの本社が建つベルリンの一等地である。近くには「殺害されたヨーロッパ・ユダヤ人の記念碑」もあり、もう少し進むとブランデンブルク門がある。ヒトラーが自殺した地下司令室が位置していたのもこのあたりである。

ドイツが統一された頃、この一帯には何もなかった。ちょうどベルリンの壁が南北に走り、特に東側では安全保障上の理由もあって、低開発のままだったからである。壁が崩れ、一帯が再開発の対象になると、土地の所有権の問題はひとまず棚上げにされ、投資と再開発が優先された。一九九〇年の「財産整理法」は、所有関係が不明瞭でも、それが旧東ドイツの開発と雇用創出につながるのであれば、土地の売却を許可していた。土地は国から開発業者に売却され、権利関係がはっきりしてから、返還請求権を持つ者が金銭的な補償を得るという手順となった。

かつて、このライプツィヒ広場から延びるライプツィヒ通りに、ヴェルトハイム・デパートという、ドイツ随一の、いやヨーロッパでも屈指の百貨店があった。その経営者は、キリスト教に改宗したユダヤ系のヴェルトハイム一族である。

さまざまな商品をそろえ、定価で提供する百貨店は、一九世紀末に登場した新しいビジネスであった。その創業者の多くは衣類の行商人から身を起こしたユダヤ人であったため、百貨店はヴァイマル時代のドイツ・ユダヤ人の経済的成功の象徴でもあった。ナチ時代には、その同じ理由で「ユダヤ資本」の典型とされ、手工業者などドイツの中産階級の敵として攻撃された。

ナチ体制下でヴェルトハイム・デパートはアーリア化され、その株式は創業家の人間と結婚した「アーリア人」配偶者の名義に移された。創業世代のヴェルトハイム三兄弟は皆すでにドイツで没していたが、その子どもたちは迫害を逃れてアメリカなどに移住した。新しい土地でヴェルトハイム家の人間は、ドイツ的な苗字ヴェルトハイム（Wertheim）を改め、ウォーサム（Wortham）と名乗るようになった。

戦後、東ベルリンに位置していたデパートの店舗やオフィスは、ライプツィヒ通りの店舗跡地を含め、ソ連軍により没収され、その後東ドイツの国有財産となった。これに対して、西ベルリンに位置していた店舗などは、英米仏連合軍の公布した「ベルリン返還法」により一九五〇年代初頭、返還手続きがはじまった。しかし、アメリカに渡ったヴェルトハイム家の人びとは、ドイツの資産は敗戦で無に帰したというかつての代理人の言葉を信じ、法外な安値で返還訴訟の和解に応じ、株式を手放してしまったのである。[12] この後すぐにヴェルトハイム・デパートは同じく百貨店のヘルティに吸収合併された。予定された合併で株価は確実に上がるはずであったのに、相続人たちはそれを知らされないまま、株式を手放してしまった。このヘルティも、一九九四年に大型小売店大手のカールシュタットに買収された。

ドイツ統一後、旧東ベルリンに位置するデパート跡地を含めたヴェルトハイム家の複数の地所に対し、返還請求が立てられた。申請人は、請求会議である。アメリカのヴェルトハイム家の相続人たちは、期限内に返還申請をしなかったのだ。何十年か前に株式を手放した会社の土地であり、またその当事者であった世代もすでに亡くなったため、権利の有無も明白ではなかったのだろう。

請求会議の申請に対し、ヘルティを買い上げた小売店大手カールシュタットは、みずからがヴェルトハイム・デパートの法的相続人であり、国が開発業者に売却した東ベルリンの土地に対して権利があると主張し、裁判となった。この裁判は、問題となる地所がベルリンの真ん中にあるという点、そして推定三億五〇〇〇万ドル（約四二〇億円）とも言われる価値の大きさゆえに、世界のメディアが注視する返還裁判となった。

一方、請求会議が利益を代弁するヴェルトハイム家の主たる相続人は、ニュージャージー州で養鶏業を営むバーバラ・プリンシップという老女であった。バーバラは、ナチ時代にヴェルトハイム・デパートの共同経営者であった三兄弟の一人であるフランツ・ヴェルトハイムの息子、ギュンターの娘で、幼少期に父とナチ・ドイツを去ってアメリカに到着した。つまり、バーバラ自身、ナチ時代に会社をアーリア化された世代からすると、すでに三代目の人間にあたり、バーバラとともに権利者とされる彼女の甥、マルティン・ウォーサムは四代目にあたる。バーバラの孫、ひ孫ともなると五代、六代である。彼女の孫たちは、自分にユダヤ系の血が入っていることも知らなかった。

長い時間が経過した後の財産返還がかかえる問題がここにある。自由の剝奪や強制労働など、ナチ迫害で受けた苦痛に対し、補償を求めることができるのは、受けた本人だけである（生計を同一とする子や配偶者はそのかぎりではない）。しかし、モノの場合、財産に対する権利は相続される。しかし、他国で生まれ、他国で暮らす孫やひ孫、さらにはその配偶者などにとっては、ドイツのヴェルトハイム・デパートとは歴史のなかの話である。金銭で交換可能な価値以上のものはない。

もちろん、彼らにも民法上の権利はある。また、歴史的な不正が正されること自体に大きな意味があるかもしれない。しかし、バーバラの権利がその孫やひ孫に相続されていくように、ある意味ではドイツの負の遺産も新しい世代へと相続されていく。確かにカールシュタットは百貨店ヘルティを買収した。買収と同時に、ヴェルトハイムの相続人に対してなされた不正を正す義務も、買ってしまったということである。

結局、請求会議とカールシュタットの一〇年以上に及ぶ裁判は、二〇〇五年に行政裁判所が請求会議の権利を認める判決を出して決着した。これにより、二〇〇七年三月、カールシュタットとの和解が成立し、後者は請求会議に対して八八〇〇万ユーロを支払っている[13]。請求会議は、この後、和解額の何パーセントかを、バーバラとその甥のヴェルトハイム相続人に支払う。これが、真の権利者が返還申請を怠ったため、請求会議が代わりに返還を受けた場合の手順である。

しかし、この判決が非常に後味の悪いものに終わったのも事実であった。後述するが、ドイツが二〇〇〇年に補償財団「記憶・責任・未来」を設立したとき、ナチズムに端を発する補償請求は、財産損害も含め、すべて財団の枠内で対処することになっていたからである。だからこそ、政府や実業界、一般市民まで協力して、一〇〇億マルクの基金が設けられたのだ。しかしヴェルトハイムのケースは、財団の基金から支払われるのではなく、あくまでも私的な和解として終結し、早くも「高い」例外となってしまった。ドイツはいつまでナチズムの責任を負うのか。それはどこかで打ち切りにされるべきではないのか。そんな声が聞かれたのも、終結しない「過去の克服」にいらだつ世論が背景にあった。

では、古い不正は正されたのだろうか。バーバラにとっては、これは遅れてきた正義に違いなかっただろう。「返還は、犠牲者本人の心の傷を癒すには役立つだろう」と、請求会議のドイツ局長を務めるゲオルク・ホイベルガー氏は言う。かつての自分の生活の一部をなしていたものを取り戻すのだから、重要なことだと氏は言う。これに対し、その孫やひ孫など、これらのものと個人的なつながりを持たない相続人にとっては、返還は同じ意味を持つのかというと、氏は否定的である(14)。

第七章　アメリカの法廷でホロコーストを裁く

スイス銀行の休眠口座

一九九六年一〇月三日、ニューヨークの連邦地方裁判所でユニオンスイス銀行、スイスバンク・コーポレーションに対し、二〇〇億ドル（約二兆二〇〇〇億円）の損害賠償を求める最初の集団訴訟（class action）が起こされた。ホロコースト犠牲者の預金を遺族に返還せず、これを投資・再投資して不正に利益を上げたというのが、その理由である。

訴訟の原告代表は、ルーマニア出身のユダヤ系アメリカ人で、アウシュヴィッツ生き残りのギゼラ・ヴァイスハウスであった。

ルーマニアのシゲトにあるヴァイスハウスの生家は、裕福な商人であった。ドイツの同盟国であったルーマニアは、ナチに影響されたユダヤ人迫害が凄惨を極めた国であるが、ついに一九四四年に一家はゲットーに移された。父親が連行された時、別れ際に彼は、子どもたちにスイスの銀行に預金があると言い残した。これが父との永遠の別れになった。死の収容所を生き残り、家族の中で唯一の生存者となったギゼラは、戦後アメリカに移住した。この後、父の遺言となったスイスの銀行の預金を探して何度かスイスを訪れるが、銀行名も口座番号も知らないギゼラは、そのたびに門前払いを食らったのであった(1)。

スイスの銀行にユダヤ人の財産が眠っている「らしい」とは、テルアヴィヴやニューヨークあたりではよく聞く話だった。確証がない理由は、これが自分の金ではなく、死んだ家族や親類の口座の話だからである。戦前、裕福な中欧・東欧のユダヤ人には、スイスに秘密口座を持つ者が少なくなかったが、ホロコーストはそのような人びとも一網打尽にした。スイスに口座があるような人は、例外なく経済力のある中高齢層であったが、逆にナチ時代に過酷な強制労働や逃亡生活を生き延びたのは、体力のある若者たちであった。したがって彼らは、親の口座の存在を証明するような書類を持ち合わせていなかった。どちらにせよ、収容所に送られたユダヤ人が、通帳や証書を隠し持ったまま生き残るなど、あり得なかった。

ヨーロッパの小国スイスを世界金融の中心にしているのは、今も昔も銀行の厳格な秘密主義である。世界の独裁者の資金洗浄の場となってきたと指摘されることもあるスイスの口座が「秘密口座」といわれるゆえんは、スイスには預金者の情報開示を禁じる法律があるためである。ホロコーストで所有者の生死不明という異常事態においてさえ、口座番号を知らない人間に番号を教えることはできない。

確かに、高額の手数料を支払って、口座調査を依頼することはできたが、あまり成果がなかった。多くが「そのような口座の存在は確認できなかった」という答えで、片付けられた。口座保有者から連絡が途絶えてから一定の期間が経過すると、その口座は所有者の生死不明として休眠状態に置かれる。しかし口座の管理費はかかり続けるので、小額の預金であれば、何十年かの間に食いつぶされてしまう。くわえて、預金残高がなくなってから一〇年が経過すると、銀行は取引記録を保存する法的義務さえなくなる。記録が破棄された場合、休眠口座の有無を調べようとしても、特定の口座がかつて実在したかどうかもわからなくなる。

口座保有者の相続人が存在しても、右のような理由で払い戻し請求ができないケースのほかに、実際にまったく相続人が存在しない口座もある。東欧のユダヤ人社会の破壊の規模を思えば、相続人がいないケースのほうが多いであろう。この場合、口座は休眠状態のまま放置され、いつか管理費で食いつぶされるか、大口の預金ならば、利子がついても預金自体の出し入れはないので、銀行はこれを投資、再投資し、収益を上げ続けることになる。

一九九六年秋、裁判に訴えることで高齢のホロコースト生存者が求めたのは、自分の「目の黒いうちに」決着をつけることであった。そう遠くない将来に予定された死を前にして、財産を残してくれたはずの家族のために、長年の疑念を晴らすことを決意したのであった。

ヴァイスハウスの訴訟が提起されたのとほぼ時を同じくして類似の裁判が複数起こされ、これらはニューヨークの連邦裁判所において一本化された[2]。

なぜアメリカか

ここでアメリカの集団訴訟について説明しておこう。集団訴訟とは、複数の人間が原告団を構成する民事訴訟である。アメリカでは欠陥商品の購入者による消費者訴訟や、環境汚染の際の住民訴訟など、被害者が広範囲にわたる場合にこの手段がとられる。個人としては大企業に対してほとんど無力でも、被害者がたくさん集まれば効果があるというわけだ。

集団訴訟では、原告団は同様の訴えを持つ人全員（これをclass「クラス」という）のために訴訟を起こす[3]。訴訟を提起した時点では、原告は一人以上の複数であればよく、全員が最初から原告団に加わる必要はない。訴訟の提起後、原告団は新聞などの媒体を使って、被害者に「クラス」の一員として名乗りをあげるように促す。つまり、裁判が起こされた後で新たな原告を探す順になり、ここが日本の集団訴訟との大きな違いである。またこの際、「クラス」に属する人の国籍はアメリカ人に限定されない。したがって、スイスの銀行に家族の口座があると信じるに足る理由のある人は、海外から訴訟に参加することができる。

ただ、同様の訴えを持つ人全員を対象とする裁判であるので、その判決や和解は集団全体を拘束する。つまり、自分に関係する訴訟があるときに、「クラス」の一員として名乗り出ておかないと、和解金や損害賠償金の配分を受ける権利を喪失する可能性がある。そして、これが重要だが、集団訴訟に勝つと大きな金が動く。タバコ被害訴訟の例にあるように、陪審員により巨額の懲罰的賠償が課されることがあるからだ。

スイス銀行が訴えられた後、ドイツ銀行やドレスナー銀行など、ドイツ系の銀行が提訴され、またヨーロッパの保険会社が提訴され、さらに強制労働を使ったとして、ドイツやオーストリアの多くの大企業が訴えられた。ナチズムとホロコーストに起因するこうした訴訟を、「ホロコースト訴訟」と呼ぶことにしよう。短期間のうちにホロコースト訴訟の数は雪だるま式に増え、二一世紀を目前にヨーロッパは、遅くやって来た戦後補償の第二波に飲み込まれてしまったのである。

しかし、なぜヨーロッパの法廷ではなく、大西洋をはさんだアメリカの裁判所がヨーロッパの過去を検証する場となったのか。半世紀以上も前に外国で起きた事柄を、アメリカの裁判所が裁くことができるのだろうか。

ホロコースト訴訟の大半において、訴えられたのがユダヤ人迫害の直接の実行者であった国ではなく、むしろその国家体制の下で「経済的な」利益を得た企業であることは重要だ。個人が外国政府を訴え、これに勝訴することは、国家は外国の裁判所において責任を追及されないという、「主権者の免責」原則が障害となって、国際法上ほとんど例がない。これに対して、アメリカで取引関係がある企業なら、訴訟は可能である。また、当該企業がアメリカ国内に現地法人を持っているなら、訴訟はさらに容易になるだろう。

そのため、原告団の訴えは、他人の財産や労務によって不正な利益を得たとする「不当利得」の主張を中心に構成されることが多い。銀行が休眠口座の財産を運用して利益を上げたというのがこれにあたる。ほかには、過酷な条件下での労働者の搾取や虐待など、国際人道法に反するという観点から訴えるものもある。さらに、「外国人不法行為請求法」(一七八九年)という連邦法の存在がある。[4] これにより、原告が外国人であっても、また被告が外国籍の個人や法人であっても、アメリカが締結した条約や、慣習国際法に反してなされた不法行為、特に拷問などの深刻な人権侵害について訴えることができる。

そのほかにも、アメリカで裁判を起こす利点が何点かある。[5] たとえば、弁護士が成功報酬制で依頼を受ければ、勝訴した場合にのみ弁護料を払えばよく、逆に敗訴すれば出費はないので、裁判の初期費用がほとんどかからない。したがって、資金力のない人にも訴訟の提起が容易である。なおアメリカでは敗訴した側が裁判費用を支払う義務もない。このようなアメリカ司法の特徴が、ホロコースト訴訟に有利な環境を作っていたのである。

世界ユダヤ人会議の戦略

ところで、スイス銀行の問題は、終戦から半世紀して偶然に脚光を浴びたわけではない。この時期にこの問題を国際政治の場に持ち込んだのは、その名の通り、ユダヤ世界の代表者たらんとする政治団体、世界ユダヤ人会議（ＷＪＣ）であった。

世界ユダヤ人会議にとって、スイス銀行の休眠口座の問題は、実に第二次世界大戦以来の懸案であった。戦後すぐ、世界ユダヤ人会議はイスラエルとともに、スイスの諸銀行に対してユダヤ人の財産の引き渡しを求めて、失敗した。スイスは、わずかばかりの口座預金を、死亡したユダヤ人の出身国であるポーランドとハンガリーの両政府に引き渡してしまった（本書第三章を参照）。そして続く冷戦は、共産圏に接する中立国スイスの戦略的価値を高め、この平和好きな国民の機嫌を損ねてまで、ユダヤ人財産のために介入しようという西側政府はいなくなった。

他方で、一九五二年に西ドイツとイスラエルの補償合意がなされ、また一九五六年の西ドイツ連邦補償法で犠牲者に対する個人補償が実現したことで、ホロコースト生存者は困窮状態を何とか脱していった。これは、預金返還を求める緊急性も失われることを意味していた。

しかし、ユダヤ人の死によって銀行が利を得たという非難はくすぶり続けた。スイスはこの問題に決着をつけるため、一九六二年、国内の休眠口座を把握するための法律を施行した。七三九の口座、約六二〇万スイスフランが休眠状態にあるとして届け出され、この総額の三分の二が現地のユダヤ人共同体に寄付された。問題は、決着したかに思われた[6]。

長いあいだ決着済みとされていたこの問題に息を吹き込んだのは、前章で見た旧共産圏における返還問題の再燃であった。世界ユダヤ人会議会長のブロンフマンは、世界ユダヤ人返還組織（WJRO）の会長でもあり、東欧のユダヤ人財産に対する返還要求の仕掛け人でもあったので、この問題に国際社会の耳目が集まりつつあることを感じていた。

東欧の返還が難航するなか、世界ユダヤ人会議と世界返還組織は、返還要求の焦点を東欧から西欧へと移す時だと判断した。東欧と異なり、西欧諸国ではホロコーストに関して共通の理解があり、道義的な要求に同意を得やすい環境があった。ちょうどヨーロッパは終戦五〇周年を迎え、先の大戦を振り返ろうというムードもあった。

一九九六年秋に最初の訴訟が起こされる一年ほど前から、世界ユダヤ人会議は銀行側との接触を開始した。この頃からニューヨーク・タイムズやウォールストリート・ジャーナル、ワシントン・ポストといった東海岸の有力紙に、スイス銀行の休眠口座に関する記事が載るようになった(7)。

ユダヤ人の要求に対する政治環境は良好であった。まず、当時のクリントン政権が、返還要求に非常に好意的であった。また、ニューヨークを基盤とし、この町の巨大な「ユダヤ票」の獲得をもくろむ共和党政治家アルフォンス・ダマートは、みずから返還要求の急先鋒を買って出た。ダマートは自分が委員長を務める米上院銀行委員会で、スイス銀行の件で公聴会を開き、一躍「正義の人」となった。人道問題に敏感なメディアも全般的にユダヤ人を支持した。金融界の巨人が実は悪玉だったという筋書きはわかりやすかったし、年老いたホロコースト生存者がテレビの前で訴える姿は同情を誘った。逆に、アメリカ流のメディア戦略や圧力団体との交渉に不慣れなスイスが、返還キャンペーンをユダヤ人団体による「恐喝だ」などと口を滑らせようものなら、その「反ユダヤ主義」は、ますます新聞の見出しに躍り出た。

銀行側は高まる批判に応えるため、すでに一九九六年五月、識者による「独立賢人委員会」の設立を決め、休眠口座を調査する大々的な会計監査を外部に依頼していた。三年の調査の結果、約三万六〇〇〇口座がホロコースト犠牲者のものであった可能性が高いと発表されたが、まさに遅きに失するといったところであった。その前にスイスは連日メディアの集中砲火を浴び、アルプスに囲まれた中立と博愛の小国は、「ヒトラーの銀行家」という不名誉な烙印を押されてしまったのである。

スイスの「罪状」

スイスが槍玉に挙げられたもともとの原因は、休眠口座の預金が未返還であるという非難であった。しかし、これはすぐに中立国スイスとナチ・ドイツの経済関係を問うものへと変質していった。

まず、スイスの銀行はドイツ企業と取引があったが、これらの企業のなかにはユダヤ人や戦争捕虜などの強制労働者を使っていた企業が含まれていた。つまり、銀行は奴隷労働による収益を洗浄する場になっていた可能性があった。

また、ナチが占領国の中央銀行から略奪した金塊を、スイスの中央銀行を含めた銀行が購入していた事実が明るみに出た。ドイツは略奪金塊の出所を隠すために、金《きん》を一度溶解して、再び固めてドイツ帝国銀行印を押していたが、この中に絶滅収容所で死体から取り除かれた金歯が混ざっていた可能性は否定できなかった。(8) スイス側は金《きん》の出所に疑念があると認識していたが、取引は続けられた。金《きん》の売買は、ドイツが戦争継続のために必要な物資を購入する貴重な外貨を提供した。したがって、スイスの関与がドイツの戦争を引き延ばしたという指摘は、まったく根拠のないものではなかった。

さらに、私企業である銀行だけでなく、スイス国家自体の行為も問題視された。入国を求めるユダヤ人難民がスイスの国境で追い返されたり、国内で強制収容された事実があったからである。ドイツからのユダヤ人難民の入国増加に困惑したスイス政府が、入国者がユダヤ人であるとすぐに認識できるような措置をとるようドイツ側に要請し、ユダヤ人のパスポートに「J」(Jude「ユダヤ人」)のスタンプが押されるようになった経緯は知られている。記録に残るだけで、難民がスイス国境で追い返された件数は二万四五〇〇件あり、また少なくとも一万四五〇〇件の入国ビザ申請が領事館などで却下されている。(9) 入国が許可されれば記録に残るが、許可されない場合は必ずしも記録されないので、入国拒否の数は実際にはさらに多いだろう。追い返された難民の大半はユダヤ人であったと考えられる。国境で追い返された後、彼らがナチに引き渡され、強制収容所で果てた例は少なくなかったであろう。

つまり、問題とされたのは銀行の口座だけではなかった。問われたのは第二次世界大戦における中立国スイスの姿勢にほかならず、ホロコーストの「傍観者」であり、「受益者」としてのスイスの姿勢が糾弾されたのであった。

世界的な反スイス世論の高まりのなかで、銀行側への最後の一撃は、ニューヨーク市が銀行に対する制裁発動を示唆したことであった。スイスの諸銀行はニューヨークの年金制度の運用などに関わっており、公的な借り手が落とす金は相当なものであったから、こうした公的契約から締め出された場合の長期的な損失は計り知れなかった。被告銀行は一九九八年夏、一二億五〇〇〇万ドル（一ドル＝一二〇円で約一五〇〇億円）を支払うことで原告団と和解した。

一九九九年一月に署名された正式な和解文書のなかで原告団は、スイスの全銀行に対してだけでなく、保険会社を除くすべてのスイス企業、さらにはスイス国家に対する請求も放棄することを合意している。[10] つまり、アメリカの一連邦裁判所における私的な和解が、実態としてはスイス国家全体の「負の遺産」を精算するものとなっているのである。これにより、戦争に参加していないスイスが、「戦後補償」を行なうという奇妙な状況が生まれた。

和解の結果、二〇〇七年末までに、休眠口座の財産に対する返還補償として、一二億五〇〇〇万ドルのうち、約四億七〇〇〇万ドルが相続人たちに支払われている。[11] 口座の存在が確認された場合の補償額の平均は約一三万ドルで、なかには口座に大きな財産が見つかり、数億円規模の返還がなされた例もある。

休眠口座保有者の相続人のほかにも、二つのグループに属するナチ犠牲者が直接的に和解金の配分を受けている[12]。まず、強制労働の犠牲者である。ドイツ企業、スイス企業、誰のために働かされたかに関係なく、強制労働に従事させられたナチ犠牲者は一四五〇ドルを受け取った。次に、スイス国境で追い返された経験を持つ者も、一律三六二五ドルを給付されている。

重要なのは、この和解金の一部（二〇〇七年末までで約一億八五〇〇万ドル）が、主に旧ソ連におけるホロコースト生存者の援助に使われていることだ。ここで援助対象となる人は、スイスの口座とはなんら具体的な関係を持たない。このような支出を正当化する理由は、訴因のひとつとして、スイスの銀行がナチが支配地域で略奪したユダヤ人財産を洗浄する場となったという点が挙げられているためである。しかし、たとえばリトアニアで行動部隊により殺害されたあるユダヤ人の金の指輪が、ドイツ帝国銀行に送られ、溶解されて金塊に固められ、これをスイスが購入したなどということは、もちろんまったく証明できない。しかし同様に、ドイツがこうして略奪した財産の一部が、さまざまな経路でスイスに流れた可能性も否定できないのだ。ユダヤ人ならばナチ支配下で必ず何らかの財産損害を受けたという前提に立つと、法的にはすべてのホロコースト生存者が集団訴訟の「クラス」の一員であることになり、したがって彼らの社会福祉に和解金を使うことが可能になるのである。

しかし、こうしたホロコーストの「傍観者」による「補償」とは、突き詰めると、一体どういうことになるのだろう。スイスにアウシュヴィッツはなかった。実際、スイス国内で、スイス人の手で殺されたユダヤ人は、おおよそ存在しないであろう。それとも、冷戦後の世界においては、人権、人道というものがこれまでにない価値を持つようになり、傍観者の道義的責任に対しても、具体的な引責が求められる時代になったということだろうか。

ユダヤ人財産の吐き出し

この問いに対しては、スイス銀行訴訟以降の展開を見れば、答えが見つかるかもしれない。スイス銀行訴訟の後、多くのヨーロッパ企業が訴訟に巻き込まれたことは前述した。まず、ホロコースト犠牲者の預金が未返還であるという指摘は、スイスの銀行の規模ではないものの、多くのヨーロッパの大手銀行に共通していたため、ドイツ銀行、ドレスナー銀行、コメルツ銀行、オーストリア銀行などが槍玉に挙げられた。ドイツ系銀行のみならず、パリバ、クレディ・リヨネ、ソシエテ・ジェネラルなどのフランスの銀行でも同じ問題があり、さらに占領下のフランスに支店があったバークレーズ(英)、チェース・マンハッタン(米)、JPモルガン(米)なども提訴された。

銀行の次は、ナチ体制下で強制労働者を使った企業に矛先が向けられた。強制労働の補償については多く書かれているので、ここで取り上げる必要はないだろう。[13]

それと平行して、死んだユダヤ人が契約していた生命保険が未払いのままになっているという理由で、保険会社に対する訴訟が起こされた。さらに略奪美術品を売買したオークションハウスや国立美術館。ユダヤ人を非人道的な状態で強制収容所へ移送したとして、フランス国鉄さえも訴えられた(14)。

さまざまな企業に対する訴訟が続いた。ドイツやオーストリアの企業の地下資料室では、どこでもひとつや二つの骸骨が戸棚の中でカタカタと骨を鳴らしていたようなものだったが、掘り返せば掘り返すほど、ヨーロッパの「清算されていない」過去は、ぞろぞろと出てきたのである。

こういった訴訟のなかでも、銀行の休眠口座や、生命保険の掛け金のように、死んだユダヤ人の財産を企業がまだ保持しているというのなら、批判の根拠は明快だ。しかし、なかにはグレーゾーンの問題もある。問題とされる行為が当時においても現在においても違法とは言えず、それゆえに責任の取り方も定かではない事例である。たとえば、企業による「アーリア化の利益」や、相続人不在ゆえに国庫に入ったユダヤ人財産に対する、吐き出し要求である。

アーリア化には直接の売り手と買い手だけでなく、仲介者（銀行、不動産業者）、また契約の際に派生する業務を依託された者（運送会社、公証人、弁護士、鑑定士）などを含め、多くの二次的な関係者がいたことは、すでに見たとおりである。しかし、売買の仲介や委託業務の遂行は違法ではない。このような間接的な利益の返還は、戦後の返還法では求められていない。つまり、アーリア化による間接的な利益は、処罰の対象にはならない、むしろ道義的な問題であった。

ところが、アメリカ発の訴訟は、こうした道義的次元の問題に対して、金銭的解決という具体的な引責を求めた。現に、集団訴訟の弁護団は、概して企業が「アーリア化」により巨利をむさぼったことを自明としていた。なかでもドイツ銀行、ドレスナー銀行に対する訴訟では、銀行は体制と密着した事業展開で「巨利を得た」のみならず、ナチの政策を支え、戦争継続に手を貸したという、戦争責任さえも追及されている。[15] 弁護団の認識においては、ナチ時代のユダヤ人搾取と、戦後西ドイツにおける企業の目覚ましい復興には明白な関連性がある。つまり、ユダヤ人を収奪して蓄えた富が、復興のバネになったというのだ。

ここにおいては、企業がナチを積極的に幇助し、また不当利得によって戦後も利益を上げ続けたという理解が、懲罰的な損害賠償を要求する根拠となっている。アメリカの陪審員は、巨額の賠償を課すことがあるが、ホロコースト訴訟の多くは、刑事責任を問えない企業を、民事訴訟において「成敗」しようという意図があった。

しかし、企業はどこまでホロコーストの責任を負うのだろう。道義的な責任に対して、金銭的な解決という、具体的な引責が不可避となるなら、利潤の追求というむしろ普遍的な原理に、非常に長期的な視野でのモラルが必要とされるようになる。そのモラルは、体制転換にも耐えうるものでなくてはならない。ある政治体制が終われば、前体制下での経済活動全般が問題視されるかもしれないからだ。
ヒトラーの敗北後、哲学者カール・ヤスパースは殺人など実際の刑事責任を負う者とそうでない者を区別し、みずからはなんら手を下していない者は、自分の良心と神に対してのみ責任を持つと書いた[16]。では、アメリカでの訴訟は、このような問いに対して答えを示したのだろうか。

この問いに対する答えは部分的には肯定され、部分的には否定されるだろう。なぜなら、こうしたグレーゾーンの利益に向けられた批判に対しても、企業は金を支払うことで、問題の解決を図ったからだ。金を払うということは、間接的にその道義的責任を認めたことになり、さらに道義的責任に対しては金銭補償が適切であるという主張を受け入れたことにもなる。

まず、ドイツの対応を例に見てみよう。

アメリカでの集団訴訟に直面し、自国企業の保護に心を砕いたドイツ政府は、将来的に補償問題で悩ませられることがないよう、過去の「一括清算」を求めた。その解決法として採用されたのが、企業に対する全訴訟の棄却を条件に、補償基金を設立するというものである。この結果生まれたのが一〇〇億マルク（当時）の基金による「記憶・責任・未来」財団である[17]。一〇〇億マルクは、ドイツ政府と、企業を中心に民間からの寄付によって集められた。

「記憶・責任・未来」財団の使命は、ナチズムと第二次世界大戦に起因する補償要求「すべて」に決着をつけることである。つまり、財団は強制労働のほかにも、銀行の休眠口座の問題、アーリア化による利益の吐き出し要求に対しても対処すべきものなのである。現に財団は、一〇〇億マルクのうち一〇億マルクを、つまり一〇分の一を、財産損害の請求に対する給付に割り振った。つまり、一〇億マルクで休眠口座も、アーリア化も、保険請求も、すべて払いきってしまうというのだ。

実際、基金の拠出企業には、強制労働者を使役した企業だけでなく、そのような企業に投資をした銀行や保険会社など、直接には奴隷労働の受益者ではない企業も含まれている。各企業の拠出額は明らかにされていないが、関係者の話では、銀行と保険会社の拠出金は相当な額にのぼったようだ[18]。つまり、企業は基金に拠出することで、会社に残っていた相続人不在のユダヤ人財産を吐き出し、さらに銀行に至っては「アーリア化の利益」も吐き出したと主張することができたのである。

具体的には、一〇億マルク枠で補償を請求できたのは、まずドイツの銀行に休眠口座が見つかった人である。ほかには、ドイツ軍とともに東欧に進出したドイツ企業によって「アーリア化」の被害を受けた者である。西欧諸国の犠牲者は、財産損害に対しこれまでに何らかの補償を得ているので、対象とならない。

ここで注意すべきは、受給資格が、「ドイツ企業」の行為によって財産損害が生じた場合に限定されていることだ[19]。つまり、東欧での実際の略奪を行なった行動部隊や親衛隊など、公権力による強奪の犠牲者は対象外なのである。したがって、申請者の大半は、独ソ戦開戦後にドイツの勢力範囲に入った地域の人びとではなく、むしろ早い段階で占領されたため、私企業によるアーリア化の余地があったチェコとポーランドのユダヤ人である。

厳密には、一〇億マルクのうち相当額（二億七六〇〇マルク）は、給付申請とは関係なく、請求会議を通して東欧のホロコースト生存者の援助に回されている。[20] つまり、会社や土地などのアーリア化の被害は受けていないが、ドイツ占領下で身の回りのものを失ったというユダヤ人は、現金による補償は受けられなくても、救援団体を通した生活補助の対象にはなるのである。死んだ人間に対してできることは何もないという理解から出発すると、生きている人間を対象とせざるを得ない。たとえば銀行がかつてアーリア化の際に得た手数料は、このような形で六〇年後にユダヤ人の福祉として消化されたということになるだろうか。

他方、よく目に見える形でユダヤ人財産を吐き出した国もある。フランスである。

フランスの銀行が休眠口座の問題を理由にアメリカで訴えられたことはすでに述べたが、当時のフランスで営業していた英バークレーズ、米ＪＰモルガンは、スイス銀行の例にならって金銭的な和解を選択し、その和解金は分配されている。[21] 対してパリバ、ソシエテ・ジェネラルなどフランス系の銀行は、二〇〇〇年に国により設立された「占領期の反ユダヤ法による財産強奪の犠牲者を補償するための委員会」、通称「ドレ委員会（Commission Drai）」[22] を通して、休眠口座の保有者の相続人たちに金銭補償を行なっている。ドレ委員会は、銀行の休眠口座の問題以外にも、フランスでアーリア化の被害を受けた者、「家具作戦」により家財道具を奪われた人に対しても、補償の窓口となっている。ただし、一九五七年の西ドイツの連邦返還法により過去に補償された人は申請できない。

さらに、相続人がいないという理由で国庫に入った財産は吐き出されねばならないという理解から、二〇〇〇年に四億ユーロで「ショアーの記憶のための基金」（ショアー基金）が設立された。四億ユーロ（一ユーロ＝一六〇円で六四〇億円）とは、フランスでアーリア化された財産のうち、相続人がいないなどの理由で返還されなかった財産総額の約一〇パーセントにあたるという[23]。もちろん、現在の貨幣価値に換算した額である。基金を拠出するのは、政府、銀行、保険会社、供託金庫、つまりユダヤ人財産の収奪に関わった機関と企業である。

ショアー基金は、ホロコースト犠牲者の記念事業や歴史研究の助成などを行なっている。犠牲者個人への金銭の分配も福祉への転用もなされないが、道義的に権利なき者が得た利益は、公共のために吐き出すという解決方法も、過去の清算の一形態ではあるだろう。

被告人アメリカ――「ハンガリー金塊列車」

戦後補償の歴史を塗り替えた一連のホロコースト訴訟を振り返って、何とも皮肉だったのは、被告席に座ることになったのがドイツとその同盟者だけではなかったことだ。思わぬ国、思わぬ企業がアメリカの裁判所に引きずり出された。

たとえば、コンピューター会社大手、ＩＢＭである。ナチ収容所の囚人管理のためのデータ管理システムを提供したとして訴えられた。

バチカンのドミニコ派修道会系の銀行でさえ訴えられている。クロアチアの親ナチ・ファシスト集団ウスターシャがユダヤ人やセルビア人などから強奪した財産を、銀行が洗浄したという理由である。[24]

糾弾者はいつの間にか糾弾される側に立たされていた。イスラエルでさえ、ホロコースト犠牲者の財産を返していないという。ホロコースト以前に、ディアスポラ（離散）のユダヤ人が、投資や移住を目的にパレスチナに購入した土地や、現地の銀行に送金した金が、所有者の死亡により放置されてきた事実が明るみに出たのである。[25]

そしてついに、補償要求の波は、とうとう対岸のアメリカまで戻ってきた。ヨーロッパ諸国に過去の清算を突きつけた国が、自分の足元で訴えられたのだ。「ハンガリー金塊列車訴訟」である。

ハンガリーにおけるホロコーストは、ヨーロッパ・ユダヤ人の悲劇のなかでも、最も悲劇的なもののひとつに数えられる。なぜなら、ドイツの同盟国でありながらナチの絶滅計画には同調しなかったホルティ提督のもとで、ハンガリーのユダヤ人は戦争の末期段階まで生き残っていたにもかかわらず、ドイツの敗戦が色濃くなった一九四四年末にはじまった強制移送により、短期間で五六万人を超える犠牲者を出したためである。一九四四年一〇月、ホルティが失脚すると、完全なるナチ傀儡政権が樹立され、ソ連軍の砲声が首都に迫るなか、ユダヤ人を乗せた移送列車はアウシュヴィッツへと向かっていった。

ブダペストが一九四五年一月半ばにソ連軍により解放される直前、四二車両からなる列車がドナウ河畔の首都を出発した。武装した四〇人の護衛と、一〇〇人を超える文官が乗っていた。列車には、ハンガリー国宝などとともに、国内のユダヤ人から奪われた金銀、宝石、外貨、絵画、何千枚ものペルシア絨毯、文字通り何トンもの銀製のユダヤ教の宗教道具などが積まれていた。一九四四年一一月、ハンガリー政府はユダヤ人財産が国家財産となったことを宣言していた。政府は、赤軍の略奪から財宝を守るために、列車で西へ移動させることにしたのであった。これは後に「金塊列車（Gold Train）」と呼ばれることになる[26]。

列車がオーストリアに入った頃、ドイツは降伏した。ハンガリーの移送責任者は、終戦の大混乱の中で財宝を積んだ列車が線路に停車している状態に不安を感じ、近くのアメリカ軍へ保護を求めた。こうして金塊列車は一九四五年五月中旬、アメリカ軍の管理下に入った。武装したアメリカ兵とハンガリー人が護衛するなか、貨車はザルツブルク近郊の米軍駐屯地へと運ばれた。

半世紀後の裁判の原因となるのは、この後の米軍の行為である。ユダヤ人財産の多くは、持ち主が判明する可能性は低いと思われたため、米軍は国連機関である「国際難民機構」（ＩＲ

〇）に列車の積荷を引き渡し、後者はこれらの物品を競売にかけた。競売の売り上げは、ユダヤ人DPの援助に回された。問題は、米軍の高官が、自分の宿営地の装飾のために上等の家具や敷物、銀の食器類などを持ち出し、また下級兵士や将校が、闇市や軍人専用の店などで積荷の一部を売ってしまったことである。さらに、物品をヨーロッパ土産としてアメリカに持って帰ってしまった者もいた。勝利した連合軍兵士が「戦利品」を持ち帰ることはどこでも起きただろうが、それが犠牲者の財産であったならまた別の話だ。

「金塊列車」の積荷の「横領」は、ヨーロッパ帰りの米軍関係者の間では知られた話であった。しかし、米兵がくすねたものに対し、何らかの返還要求が出されることはなかった。第一、死人は訴えることができなかった。第二に、どれくらいの量の略奪品が現地で兵士により売りさばかれ、またどれほどがアメリカに持ち帰られたのか、わからなかった。第三に、戦後に共産主義国家となったハンガリーは、鉄のカーテンの後方でアメリカの視野から消えてしまった。

それから半世紀以上を経た二〇〇一年、フロリダでアメリカ政府を相手取った集団訴訟が起こされた[27]。原告はアメリカ在住の、ハンガリー出身のユダヤ人たちである。しかし、金塊列車の積荷の価値がどれだけであったかはもはや確定できないし、特定のユダヤ人から没収された物品が、本当に金塊列車の積荷に載っていたのか確かめる方法もすでにない。それでも、訴訟としては成り立つ。積荷の管理を委託された米軍には、その義務があったからである。

結局アメリカ政府は、米軍関係者による横領があったこと、返還されない物品や、放棄され

「金塊列車」を警備するアメリカ兵。
(USHMM, #73027)

たり、破損した物品があったことを認め、和解受諾を声明した。二〇〇五年に成立した和解で政府は、二五五〇万ドル（一ドル＝一二〇円で、三〇億六〇〇〇万円）を福祉目的の補償基金に支払うことを合意した。基金はユダヤ人の社会福祉に使われる。一九三九年から一九四五年の間にハンガリーに暮らしたユダヤ人であれば、現在ハンガリー在住であるかどうかに関わらず、その経済状況に合わせた援助が得られる仕組みになっている。[28] 基金を管理するのは、請求会議である。

結局、だれの金なのか

「加害者」もしくは「受益者」の側の関与は、指定された銀行の口座に和解金や補償金が払い込まれた時点で終わる。これ以後は、犠牲者の側に任される。実はここからが大変なのだ。

戦後のユダヤ人財産返還の歴史を俯瞰すると、一貫した理念があることに気がつく。それは、財産を受け取るべき人間が存在しない場合、死亡した所有者が属していた集団、つまりユダヤ人ナチ犠牲者の総体が権利者であるという、非常に集団主義的な発想が根底にあることである。これは、時間が経った冷戦後の補償問題においても、同じである。

この点について、当時、世界ユダヤ人会議執行会長で、ブロンフマンの片腕としてスイス銀行訴訟を引っ張ったイスラエル・シンガー（現在、請求会議会長）の立場は明確である。シンガーは、財産は犠牲者全体に属すと、さまざまな機会に表明してきた[29]。彼の言う犠牲者とは、ホロコースト生存者すべてであり、さらには抹殺対象とされたユダヤ人の総体、つまりユダヤ民族全体である。

この理解からすると、裁判の和解金や、返還収益の一部が、厳密な意味では「ホロコースト生存者」とは呼べないかもしれない旧ソ連のユダヤ人の生活支援に使われることは、問題にならない。また悲劇の記憶を守るためにも、ホロコースト研究や追悼碑の建立に金を使うことも問題ではない。同様に、ユダヤ民族が相続人であるのだから、民族としての存続を可能とするための宗教教育に金がつぎ込まれることにも、なんら問題を見出さない（ユダヤ人とは、繰り返すまでもなく、宗教を基盤とする集団である）。こういった理解は、旧東ドイツに残されていた財産の売却益で、旧ソ連のユダヤ人に対する援助活動がなされていることに、最も顕著に現われている。返還収益を貧しい同胞の福祉目的で使うことは、ユダヤ人の間では少なくとも道義的には正しいことだと見なされている。

しかし、一部のユダヤ人は、こうした金の使い方に強く反発している。なぜなら、法的に見ればキエフのユダヤ人の老人が、かつて東ベルリンに暮らしていたユダヤ人の財産の恩恵を受けられる理由は、存在しない。この二者の間には、何ら法的関係がない。共通点があるとすれば、ナチ時代にどちらもユダヤ人として迫害の対象とされた点のみである。言い換えると、返還補償という分野においては現代においても、ナチの分類による「ユダヤ人」が存在していることになる。

このため、問題となる財産と実際に法的な関係を有するユダヤ人たちは、和解金や補償金は「真の」犠牲者のみに帰する金だと考える。これを公共目的で転用するくらいなら、残額は権利者の間で再分配すべきだというのだ。つまり「関係のない」ユダヤ人のために犠牲を強いられる理由はないということである。集団としてのユダヤ人と、個人としてのユダヤ人が求める権利は、常に拮抗する。

では大きく譲歩して、補償金をホロコースト生存者の福祉に転用することを是としよう。そうすると今度は、「ホロコースト生存者」とは誰を指すのかという問題がでてくる。それは、強制収容所を生き残った者だけを指すのか。パルチザンとして森に潜んで戦った者、「アーリア人」と偽って、非ユダヤ人の間で生き延びた者は含まれるのか。ドイツの侵攻から逃れてソ連内地へ逃げ、比較的無傷で終戦まで持ちこたえた者はどうか。定義によって、その範囲には大きな差が出る。算出方法によっては何十万人もの違いが出る。しかし、この点は重要だ。ホロコースト生存者という資格で和解金に対する権利が生まれるのなら、その線引きは明確でなくてはならない。

しかし、ホロコーストの体験は、個人によって大きく異なる。生存者と認められなかった人、つまり援助の対象とならなかった人は、自分の苦痛が認知されなかったことに、深い怒りを感じることになるだろう。個人の記憶と集団の記憶は、必ずしも一致しない。

以前は、ユダヤ人とは運命共同体であり、全体のためには、ある程度の個人の犠牲は必要だという認識があった。確かに、そのような「メタ共同体」的な思考に異議を唱えた者は以前もいた。しかしホロコースト直後の困難な状況においては、個人の権利より集団の利益を優先させるほうが、最大多数に最大の善をなすと考えられたのだ。

しかし、民族の存続そのものが危機にあると認識された時代が過ぎると、ユダヤ世界の求心力は薄れはじめた。イスラエルがユダヤ人国家への支持を訴えれば訴えるほど、そのような半ば強制された集団性を拒絶する人間が増えた。

結局、ホロコーストで残されたのは誰の金なのか。ユダヤ世界の指導者たちはこれまで、ユダヤ人犠牲者すべての金だと、ユダヤ民族に属す金だと、答えてきた。しかし現在のユダヤ世界では、ユダヤ民族共同体の一員である前に「個人」であるという、ある意味で当然の反論に対して有効なイデオロギーは、もはや見出せなくなっているようだ。こうして補償要求は個人化し、同時に細分化していくのである。

第八章　ホロコースト財産とイスラエル

ハアヴァラ——財産移転の型

これまでわれわれは、ユダヤ人が奪われた財産を取り戻す闘いを追ってきた。しかし、ある問いに答える努力をせずして本書を終えるのなら、一般に連続していると考えられているひとつの重要な問題を避けたと言われても仕方ないだろう。その問題とは、ホロコーストとイスラエルの建国、パレスチナ問題の発生という、相互に関連した出来事のことである。

われわれは、ユダヤ人財産の「返還」が、財産の「移転」とイデオロギー上でつながっていたことを見た。では、失われたユダヤ世界を継承するものとして位置づけられたイスラエルにおいて、移転された財産は、どのように国家の形成と関係しているのだろう。そのパレスチナ問題との、「物的」なレベルでの関連性はあるのだろうか。

残念ながら、著者には、軍事・経済・社会など、広範囲にわたるパレスチナ問題を、その総体においてユダヤ人財産の返還と関連づけて検証する力量はない。しかし、ドイツからイスラエルへと向かうカネとモノの動きを追うならば、限定的ではあるが、関連性の有無を調べることはできるだろう。

われわれの検証の出発点は、一九四五年ではない。一九三三年、ドイツにナチ政権が成立し、不穏な時代の幕開けを告げた時である。この後、迫害に危機感を抱いたユダヤ人は海外に逃げ場を求めるが、移住には非常に大きな経済的損失が伴い、時間の経過とともに彼らが海外に資産を移す手段はなくなっていったことはすでに見た。だが実は、ナチ支配初期においては、「比較的」損失少なく移住できる場所がひとつあった。それがパレスチナである。当時、イギリス委任統治下のパレスチナは、一〇〇〇パレスチナ・ポンド（一パレスチナ・ポンド＝一英ポンド、当時で一万五〇〇〇マルクに相当）以上の資産を持つ者の移住を制限しておらず、一〇〇〇ポンドの見せ金を提示できれば誰でも移住できたため、パレスチナは「資本家」と呼ばれた比較的裕福なユダヤ人の受け入れ先となっていた。

さて、ナチ政権はユダヤ人には出て行ってもらいたいが、移住によりドイツから資本が流出するのは許容できないと考えていた。なにせ、ドイツの外貨準備高は、一九三三年の時点ですでに危機的な状況にあり、この後二年ほどで外貨はほとんど底をつくこととなる。(1)このためドイツは、ユダヤ人の移住を、ユダヤ人の追放というナチの政治目標の達成みならず、ドイツ経済へも貢献させる形で推進できないか考えた。同じ時、シオニスト勢力は、ドイツを去るユダヤ人の移住先をパレスチナに向けさせたいと考えていた。ここにナチ政権とシオニスト勢力は、まったく目的は異なるものの、利害の接点を認めたのである。こうして考案されたのが、「ハアヴァラ（Haavara）」（ヘブライ語で「移転」を意味する）と呼ばれた移住と資産移転の枠組みである[2]。一九三三年八月二五日、シオニスト勢力とナチ政権の間で正式な合意が成立した。

ハアヴァラはどのような仕組みになっていたのか。

まず、移住希望者はドイツでヴァールブルク銀行やヴァッサーマン銀行といったユダヤ系の民間銀行に開設された帝国銀行の口座に金を振り込む。見せ金の一〇〇〇ポンド分は帝国銀行が替えるが、これを超える額は「パレスチナ信託会社[3]」と呼ばれた会社がドイツで物資を購入し、パレスチナへ輸出する。物資とは、当時のパレスチナで特に必要とされていたもので、たとえば、灌漑用の水道管や農耕用の機械、鉄鋼、肥料、建築資材などである。これらはパレスチナで売却され、その売却益がシオニスト機構の銀行であるアングロ・パレスチナ銀行により、到着してくる移民に対してパレスチナ・ポンドで支払われるのである。こうしてドイツの銀行に預けられたユダヤ人の金は、ドイツの外貨を一〇〇〇マルク以上減らすことなく、パレスチナで移民の手に戻ってくるのである（もちろん全額は戻らなかったが）。

つまり、ハアヴァラは三者の利にかなうものであった。まず、ドイツ側にとっては、比較的損失の少ない移住という選択肢を与えることで、ユダヤ人の移住を促進することができた。確かに、外貨獲得はなかったが、ドイツ製品の輸出が促進され、国内の雇用確保に貢献すると思われた。またこれは、海外のユダヤ人社会におけるドイツ製品のボイコットに穴を開けると期待された。

シオニスト側にとっては、ハアヴァラはナチの迫害を逃れんとする人びとの脱出口であり、同時に当時のパレスチナで最も必要とされていた「人員」の確保を意味していた。特にドイツでは、伝統的にシオニズムに対する支持は強くなかったから、こういった移民の誘導は重要であった。くわえて、これらの移民は国土開発に必要とされる物資や資金を持って来た。ハアヴァラの監督者であるユダヤ機関（Jewish Agency for Palestine）は、この資産移転の「手数料」として、移転した資本の二五パーセントを現地でのさまざまな移民受け入れ事業のために徴収したので、裕福なユダヤ人がもたらす金が、無一文でヨーロッパから逃げて来る東欧系のユダヤ人を受け入れる財源にもなった[4]（「資本家」の移住は、イギリスが認める毎年の移民枠には入っておらず、資産のない者は通常の移住枠で来た）。

そして移住するドイツ・ユダヤ人本人には、ハアヴァラはある程度財産を移転することができるほとんど唯一の手段であった。他国への移住者のように、ゼロからの再出発を強いられることは避けられた。現に、ハアヴァラ枠を使ったならば、一九三九年の戦争開始直前の時期でも、財産の三二パーセントはユダヤ人の手元に残ったのである[5]。これに対してパレスチナ以外へ向かった者の場合、移転財産の損失率は、同じ時期で九六パーセントであった。そして最も大事なことだが、各国がユダヤ人難民の受け入れに冷淡であったなかでハアヴァラは、外へつながる扉であった。とりあえずハアヴァラ枠で出国すれば、その後、他国へ移ることも可能であった。ただ、その扉を開ける鍵は金で買う必要があったのだが。

ハアヴァラは、第二次世界大戦が勃発し、イギリスの参戦により物資の運送が不可能になったことで終結する。それ以前にも、ナチ政権内部には、ハアヴァラがパレスチナにおけるユダヤ人社会の経済基盤の強化につながっている点を重く見て、ハアヴァラの継続に反対する声があった。[6] また、ユダヤ人の流入に危機感を抱いたパレスチナのアラブ人の反乱は、一九三九年五月の「マクドナルド白書」によるユダヤ人移住の大幅な制限へと、イギリスに方向転換を強いていたのである。

最終的に、戦争がはじまるまでにドイツから五万二〇〇〇人ほどのユダヤ人がパレスチナへ移住し、一億四〇〇〇万マルク分の資本が移転されている。[7] もちろん、移民すべてがハアヴァラ枠で来たわけではないが、ほぼ全員が何らかの形でハアヴァラの恩恵を受けた。ユダヤ機関が徴収した二五パーセントの「手数料」を思い出してもらいたい。また、ハアヴァラによってもたらされた金が、パレスチナのユダヤ人経済の発展に果たした役割は大きかった。現在のイスラエルの主要企業は、この時期に発展の基礎を築いたと言われるし、[8] 国土開発においても、ユダヤ人のための土地の獲得と開墾に貢献した。ハアヴァラの手数料は一部、土地購入と開拓のために、「ユダヤ民族基金（ＪＮＦ）」に分配されているのである。[9]

このハアヴァラがわれわれの考察において重要なのは、ここにホロコースト以前と以後をつなぐ線があるからだ。ドイツから現金ではなく物資をパレスチナへ送ることで、ドイツ経済への損害を少なくユダヤ人の財産を移転し、同時にその財産をユダヤ人国家の建設に利用するという、財産移転の原型が生まれたのである。この「型」は、戦後ドイツで相続人不在のユダヤ人財産の返還がなされたとき、また一九五二年のルクセンブルク補償協定に基づき、西ドイツがイスラエルに対し三〇億マルクの補償を行なったときにも、利用されることになる。

現に、ナチ時代にハアヴァラに関わった人びとが、戦後にドイツによる財産返還・補償の理論家かつ実務家となるのである。たとえば、会計監査の専門家で、ハアヴァラ事業の監督者であったジークフリート・モーゼスは、一九四四年に『ユダヤ人の戦後補償要求』という本を著わし、ドイツに対する補償要求の理論的基盤を打ち立てたその人である。

実務家としては、ドイツ・シオニスト連盟の会長であったゲオルク・ランダウアーという人物がいる。彼は、一九三四年に自身がパレスチナに移住するまで、ベルリンでパレスチナへの移住事業をとり仕切っていた。移住した後は、移民を受け入れる側としてハアヴァラで中心的な役割を果たし、さらに戦中・戦後は、ユダヤ機関の一部門である「ドイツ・ユダヤ人財産返還局」の長として、移民の定住援助、財産問題の処理などに関わった。

「ドイツ・ユダヤ人全国代表部」（Reichsvertretung der deutschen Juden）の役員を務めたマッ

クス・クロイツベルガーも、同じような経歴を持つ。彼は一九三五年パレスチナに移住し、ドイツ出身の移民による団体（Hitachduth Olej Germania）の事務総長を務めた。ランダウアーとクロイツベルガーは戦後、ユダヤ機関を代表してドイツに滞在し、ドイツからイスラエルへの移民の送り出しとともに、返還財産の処分、その収益のイスラエルへの移転、そして西ドイツとの補償交渉に深く関わったのであった。

同じように、一九五〇年代の補償交渉に登場するギオラ・ヨーゼフタール、フェリックス・シナーといったドイツ出身のユダヤ人も、移住業務に関わるがゆえにハアヴァラの周辺に位置していた人びとであった。彼らは、ハアヴァラで得られた物資による財産移転のノウハウを、ごく自然に、戦後の返還補償問題に適用するのである[10]。

つまり、ナチ時代のドイツからのパレスチナ移住とこの際の財産の移転、そして戦後の財産返還と補償請求は、延長線上にある連続した問題なのである。

返還財産とイスラエル社会の発展

しかし、ホロコーストの後では、ユダヤ人財産の移転は、生活の場を移そうとしている人間のために必要なのではなく、単にユダヤ人の死により財産が残されたためであった。ただ、返還財産をユダヤ民族の復興と国家建設のためにパレスチナへ移すという考えは、ホロコースト直後は、純粋にイデオロギーの次元にとどまっていた。なぜなら、わずかでも返還された財産は、当時はもっぱらホロコースト生存者の最低限の生活を確保する目的で使われていたからである。

たとえば、一九四六年のパリ賠償会議の決定に基づき、ユダヤ人DP援助のために、連合軍が発見した通貨以外の金《きん》（ホロコースト犠牲者の指輪など）が使われたことが思い出される。また、スイスやスウェーデンなどの中立国が、国内のドイツ資産の売却益から国際難民機構（IRO）へ拠出した資金もある。この二種類の金《かね》は、どちらもドイツが略奪財産により蓄積したものだと認識されていたから、これはユダヤ人犠牲者の総体に対して「返還」された、最初のユダヤ人財産であったと言える。これらは主にヨーロッパのDPキャンプの運営に投入された、ここでは金は文字通り生命の維持のために使われた。精神的にも肉体的にも崩壊寸前のホロコースト生存者の食料となり、毛布となり、また薬となったのだ。

財産の移転という要素が登場してくるのは、DPが移住し、ヨーロッパを離れる一九五〇年代に入ってからである。援助対象が地理的に移動したことで、金も移動するのである。このとき、ヨーロッパから動く金とは、西ドイツで三つのユダヤ人継承組織（JRSO、JTC、JTCフランス部門）に返還された相続人不在のユダヤ人財産の売却益である。一九七二年までに、継承組織が土地の売却や、金銭的な補償により得た返還収益の総額は、約四億二三九二万マルクになる。(11) 収益はユダヤ機関やジョイントといったユダヤ人救援組織や、ドイツ出身ユダヤ人評議会などに配分され、その大半はイスラエルで使われた。

このなかで、最も大きな配分を受けたのはユダヤ機関である。返還収益の約半分を受け取り、イスラエルへの移住促進と移民の受け入れにその金を使った。その次に大きな配分を受けたのがジョイントで、主にイスラエル外での救援活動に資金を投入した。ジョイントが「非政治性」を重視した人道援助をモットーとするのに対し、ユダヤ機関においては、移住の促進という目的から、資金の使い道は政治と切り離すことができない。

では、ユダヤ機関は実際にどのように返還収益を使ったのだろうか。

返還収益のドイツ外への持ち出しは、金をナチ犠牲者のために役立てることが条件とされていた。なぜなら、ドイツの後見人である連合軍は、ドイツから資本が流出して、さらにドイツ経済が悪化することを恐れたからである。したがって、人道的な理由にかぎって、返還収益の海外移転が認められるべきであった。このためユダヤ機関は、返還収益でイスラエルに身ひとつで流れ着く移民を収容するためのプレハブ住宅を購入し、イスラエルへと送った[12]。

なぜなら、イスラエル建国後、深刻な住宅難が生じていた。言うまでもなく、一九四八年の建国に際して、逃げ出したり追い出されたりしたアラブ人の住居には、ユダヤ人が入居していた。現地のユダヤ人がいち早く住居を占拠していなければ、ホロコースト生存者はイスラエルに早く到着した順で、アラブ人住居を割り当てられた。最も早くイスラエルに到着したのは、まだイギリスの委任統治領であったパレスチナに不法移住を試みて捕まり、キプロス島のキャンプに留め置かれていた者たちであった。彼らはハイファやヤッファなどの、主に都市部の住居を割り当てられた。このようにしてイスラエルの建国前後にアラブ人の家に入居したユダヤ人の数は、一四万人を超えるとされる[13]。

それでも次々と到着する移民すべてに家をあてがうには足りなかった。イスラエル建国後の一年半で三四万人の移住があり、建国から三年半で国の人口は倍増したのである。住宅建設が急ピッチで進められたが、それでも間に合わず、テント暮らしを強いられる者もいた。一九四九年夏の時点で、なんと一〇万人がテントで暮らしていたのだ[14]。運がよければ、テント以上アパート以下と位置づけられる、マアーバロットと呼ばれたトランジット・キャンプに収容された。このような状況下では、プレハブ住宅は新しい「祖国」で移民に最低限の生活を保障するものであった。

もちろん、ユダヤ機関がプレハブ住宅のほかにも買ったものはある。たとえば手術用のメスやレントゲンなどの医療器具である。ホロコースト生存者のなかには健康を害した者が少なくなく、またイスラエルは一九五一年より結核菌保持者のユダヤ人も受け入れていた。

当初、返還収益はもっぱらホロコースト生存者の緊急の受け入れに使われていたが、ヨーロッパのＤＰキャンプから到着する移民の波は数年で引き、一九五二年頃にはＤＰ問題は解決済みと見なされるようになった。そうすると今度は彼らを定住させ、生産活動に従事させる必要がでてきた。このため、継承組織の返還収益も、プレハブ住居のような一時的なものから、長期的に見てホロコースト生存者の肉体的・精神的な再生に役立つものに使われるようになった。それは、技術も財産も持たずに到着したホロコースト生存者に、新しい国で生きていくための生産手段を与えることを意味していた。返還収益の使用用途は、入植地の建設、灌漑用の水道管の購入、農業用化学肥料、トラクターの購入へと移行していった。

ここにおいて、移民の受け入れが農業入植地の建設と直結していたことは明らかである。現にイスラエルは、移民を都市定住者にするよりも、農業移民にすることに意義を見出していた。その理由は、周辺のアラブ諸国による経済封鎖のなかで食糧を生産する重要性のほかにも、安全保障上の利点があったからである。なぜなら、イスラエル建国時の最大の問題は、アラブ諸国に囲まれた中で、その「暫定的」な国境を守るに足る人口が足りないことであった。そのようななかで移民とは、まずアラブ人の追放と逃亡で空いた空間を物理的に埋める要素であった。土地に人を住まわせること、そこにユダヤ人が「いる」ことを既成事実とする必要があった。イスラエル存続の鍵は、土地を「点と線」ではなく「面」で押さえることにあり、このため移民は、人口の希薄な地域や、軍事的に重要な国境地帯に建設された新しい入植地に振り分けられたのである[15]。

したがって移民の受け入れは、必然的にユダヤ人の実効支配地域の拡大と結びついており、農業入植地がかつてのアラブ村落の跡地に作られたのは驚くに値しない。「跡地」というのは、アラブ村落の多くが破壊されたからである。家がないところに人は戻れないし、そこに新たな入植地が出現していたなら、住民の帰村はますます非現実的になるだろう。建国後の一年間で八九の入植地が建設されたが、そのうち二六ヶ所はアラブ人が逃げた村にユダヤ人がそのまま入れ替わって入居したものであり、これに対して残りの六三ヶ所は破壊されたアラブ村落に新しい入植村が作られたものである[16]。さらに長い期間でみると、一九四八年から一九五三年にかけて新しく作られた三七〇ヶ所のユダヤ人入植地のうち、三五〇ヶ所は旧アラブ村落に建設されている[17]。

また入植地とは、多くはキブツやモシャブ[18]といったイスラエル特有の集団農場である。イスラエル建国から一年半の間に七九のキブツが新たに建設され、一九五〇年から一九五二年までの二年間では一二六のモシャブが建設されている[19]。イスラエルは、国土の約九割が国有地もしくはそれに準ずる所有形態にある世界でも稀有な国であり、土地は国もしくはユダヤ民族基金から貸与される。ユダヤ民族基金は、ユダヤ人の労働でユダヤ人の土地を耕すという理念に立つため、非ユダヤ人に土地を貸すことはほとんどない。当然、シオニストによる土地の開拓という、建国の理念にかなうプロジェクトに対して土地を貸すので、キブツやモシャブが増える結果となる。こういった農場は、ホロコースト生存者に生きていく場所と生活の糧を提供し、ナチにより破壊された生活を再建する場である一方で、他方では戦略的な「土地のユダヤ化」の担い手であったことになる。

そして、入植地の建設と農地の拡大と対をなしていたのは、アラブ人の土地の収用である。

ここでイスラエルによる土地の収用の詳細に立ち入ることはしないが、一九四八年六月以降、アラブ人が「遺棄」した土地を国の管理下に置き、土地を貸与し、その使用・開発を順次許可し、さらに譲渡することを可能にするさまざまな法律が施行された[20]。また、アラブ人の土地を安全保障上の理由で閉鎖し、閉鎖されたため耕作できなくなった土地を非耕作地として扱い、収用対象に組み込み、これをさらに第三者に譲渡するということもなされている。そして一九五三年三月の「土地取得法」が、開発・入植・安全保障のために必要と見なされた土地の獲得を、建国にさかのぼって合法化して、一連の土地収用立法が完成する。

もちろん収用されたのは土地だけでない。逃げたアラブ人が置いていった家財道具や機械などは、使えるかぎり新たな居住者の使用に供された。残された果樹園やオリーヴ畑は、政府系の農業協同組合により収穫された。オリーヴ栽培とは、伝統的にアラブ人が従事していた分野であった。

一九四八年一二月の国連総会決議一九四（Ⅲ）号は、難民の帰還権の承認と、帰国しない者への財産補償を勧告している。しかし、今日まで難民の帰国が許可されたことも、ごく一部の例外を除いて、財産補償がなされたこともない。一九五一年の「国連パレスチナ調停委員会（ＵＮＣＣＰ）」の調査では、補償対象となる難民の土地を約一六三三万ドゥナム（オスマン帝国の土地単位で、一ドゥナムは一〇〇〇平方メートル）で、評価額約一億パレスチナ・ポンド（当時の二億八〇〇〇万ドルに相当）、動産を二〇〇〇万パレスチナ・ポンドと見積もっている[21]。

ユダヤ人補償とミズラヒーム

ドイツのユダヤ人継承組織から返還収益の配分を受ける組織は、資金の使用用途を報告する義務があった。以下はJRSOに対して提出された報告書であるが、これを通してドイツのユダヤ人財産の売却益が、どのようにイスラエルの国家形成に関わっていったのかを知ることができる。ここで、一九四九年から一九五五年を対象としたユダヤ機関の活動報告を見てみよう。

まず、ユダヤ機関はだいたいこの時期に該当する一九四八年八月から一九五六年九月三〇日までの時点で、JRSOから五三〇〇万マルクを超える配分を受けている。[22] これを前述の報告書とつきあわせると、配分金のほとんどは、七五万八七三八人の移民の受け入れと、彼らの定住に関連した事業に使われた。農業目的の入植における支援では、「新しい入植地の建設、現存する入植地の強化、灌漑、農場施設の建設、家畜・動物・農機具の支給、果樹の植樹、農業ローン供与、入植地の安全強化策、電気の設置」などに使われた。[23]「入植地の安全強化策」とは、孤立した入植地をアラブ人による侵入から守るための柵の設置などのことを言っているのだろう。

こうした活動の結果、これまでに三万世帯の家族が新しく建設された村落に入植し、これはイスラエルの農業人口の六〇パーセントを形成すると報告書は続ける。さらに、ユダヤ機関は灌漑設備の充実に力を入れ、テルアヴィヴ近郊で地中海に流れ込むヤルコン川から南部のネゲブ砂漠に水を送る六三マイルのパイプラインの建設にも、ＪＲＳＯの分配金が使われたと報告にはある。(24)

この報告書をよく読むと、ある重要な点に気づく。それは、返還収益による入植地の整備など、イスラエルの一般的なインフラ形成の恩恵を受けたのは、必ずしもヨーロッパ出身のホロコースト生存者に限られなかったことだ。イスラエルの建国後、ヨーロッパだけでなく、イラクやシリア、エジプトといった周辺のアラブ諸国から多くのアラブ系ユダヤ人が移住してきた。ミズラヒーム（東方系ユダヤ人）と呼ばれる人びとである。イスラエルの建国の結果、約七〇万人のアラブ諸国のユダヤ人が国を追われるか自主的に出国し、そのうち約五〇万人をイスラエルが受け入れた。

先のユダヤ機関の報告のなかでも、一九五六年九月までに受け入れた移民約七六万人のうち、三三万九〇〇〇人がヨーロッパ出身者であり、その他は中東諸国を含めたヨーロッパ外の移民である。さらに、一九五〇年代末から一九六〇年代前半には、植民地の独立に伴いモロッコ、チュニジア、アルジェリアなど北アフリカからの移住があり、イスラエル国内の東方系ユダヤ人の比率はますます大きくなり、ヨーロッパ系移民を凌駕するようになった。

つまり、時間軸で見ると、イスラエルの建国後にヨーロッパからの移民のピークがあり、対してアラブ諸国からの移住の波は、それより数年遅れている。ここにドイツ・ユダヤ人財産の返還収益の海外移転が開始される時期を重ねてみよう。

ドイツの返還収益は、当初ドイツ国内でしか使用できなかった。なぜなら、一九五五年までドイツは完全な主権国家ではなく、連合国が為替を管理していたため、マルクを自由に外貨に換えることはできなかった。このため、返還で収益があった場合、ドイツ国内のDPキャンプの運営にマルクを使うことはできても、イスラエルへ移住したホロコースト生存者に対しては援助ができなかったのである。返還収入はドイツ・マルクで銀行にたまっていた。この問題を解決するために、先に述べたようなホロコースト生存者援助の目的に限定したプレハブ住宅や薬品・医療器具などの輸出が可能になったのは、一九五一年の秋であった[25]。

つまり、イスラエルが到着してくる移民に住居を提供しようと四苦八苦していた建国直後の時期に、正規のルートでイスラエルに送られたプレハブ住宅はごくわずかだったのである（正規でないルート、違法と合法のグレーゾーンで送る手段はあったが）。一九五八年についにマルクの自由な外貨交換が可能となり、物品を輸出せずとも現金をイスラエルに直接送ることが可能となった。しかし、ドイツからイスラエルへのカネとモノの流れが自由になる頃には、ホロコースト生存者がDPキャンプからイスラエルに来て、すでに何年かたっていた。この時、彼らの大半は、もはやテントには住んでいなかったのである。

では誰がプレハブ住居の恩恵を受けたのか。もちろん、イスラエルに比較的遅くやって来たホロコースト生存者はいた。たとえば、ルーマニアやポーランドのユダヤ人は共産党政府が一九四八年から一九五〇年の間にユダヤ人の出国を認めたため、多少遅れて到着したから、彼らがプレハブ住宅に入居することはあっただろう。しかし、全体的に見ると、返還収益の受益者はむしろアラブ系のユダヤ人であった。返還収益がイスラエルに届きはじめる時期は、ホロコースト生存者のイスラエル移住ではなく、アラブ諸国からユダヤ人の移住が本格化する時期と重なっているのである。

つまり、ユダヤ機関が返還収益で移民の定住援助を行なうと言うとき、ここにはヨーロッパ出身のホロコースト生存者以外も含まれていた。実際、農業入植地に振り分けられたのは、ヨーロッパ出身のユダヤ人よりも、むしろ周辺のアラブ諸国出身のユダヤ人たちであった。なぜなら、ヨーロッパで主に都市居住者であったユダヤ人よりも、厳しい農村の生活に慣れているアラブ系のユダヤ人のほうが農業には向いていると考えられたからである[26]。

同じことは、イスラエル外でユダヤ人救援活動を行なうジョイントについても言えた。ジョイントは、最初は主にヨーロッパのDPキャンプの運営に返還収益を使っていたが、DPの移住でキャンプが閉鎖されると、必然的に活動の中心はヨーロッパ外へ、つまり中東へと向かった。ここで返還収益を含むジョイントの活動資金による援助対象となったのは、アラブ社会から追放されようとしていた、イスラーム圏のユダヤ人たちであった。

既成事実化するパレスチナ問題

ドイツの返還収益を海外に持ち出すことが可能になった背景には、これをナチ犠牲者の援助に使うという前提があったからである。だが実際には、返還収益がホロコースト生存者の援助だけでなく、アラブ諸国出身のユダヤ人の援助にも使われていることは、公然の事実であった。返還を、ユダヤ人から奪われたものがその手に戻ってくることと考えるかぎり、民族のいわば「共有資産」を、ホロコーストとは関係のない世界から来た同胞の援助に使ったとしても、問題だとは見なされなかったのである。ユダヤ機関も、ジョイントも、毎年会計報告を行ない、これをもとに継承組織はドイツの連合軍高等弁務府に対して報告書を提出していたが、金の使い方に抗議がなされた形跡はない。

いずれにせよ、一九五二年に西ドイツとイスラエル／対ドイツ物的損害請求会議との間で調印されたルクセンブルク補償協定により、ホロコースト生存者の移民と、そうでない移民という名目上の区別は、完全に意味を失った。協定により合意された三〇億マルクの支払いの根拠とは、ホロコースト生存者の受け入れによりイスラエルに経済的負担が生じたことにある。ホロコースト生存者一人につきかかる受け入れ費用を、その総数に掛けた数が三〇億マルクなのであり、理論上は、ドイツはイスラエルに立て替えてもらった金を返すにすぎない。立て替えた側としては、返してもらった金をどう使おうが自由だということになる。

この三〇億マルクは、現金ではなく、物資によって支払われた。つまり、イスラエルは三〇億マルク分のドイツ製品を買うことができたのだ。イスラエルはドイツに買い付け団を派遣し、当時国家がもっとも必要としていた物資――機械や鉄鋼、原料など――を買ったのである。ここでは、ハアヴァラにおける資産移転の「型」が、そのまま使われている。ドイツはイスラエルへの補償を、現金の支払いではなく、ドイツ製品の輸出という形で、つまりドイツ経済の再建に貢献する形で、行なったのである。実際、ドイツはイスラエルに対して、経済の低迷する州での買い付けを奨励してはばからなかった。そうした州とは東ドイツと国境を接するために、流通が滞ってふるわないニーダーザクセンやシュレスヴィヒ・ホルシュタイン、離れ小島の西ベルリンなどであった[27]。

イスラエルはこうした物資で国内の発電所をつくり、水道網を整備した。また国家の安全保障のためにも、補償金でドイツから輸入した物資は使われた。

こうなると、返還や補償による金で作られたインフラの恩恵を受けるのがホロコーストの影響を受けた人間であるかないかは、もはやどうでもよいことであった。水や電気は使う人間を区別しないし、ホロコースト生存者に限定した入植地というものは、建設されていない。

ただ、ドイツによる返還と補償のみが、イスラエルの発展を可能としたわけではないことは、強調されねばならない。第二次世界大戦直後、経済的に脆弱なパレスチナのユダヤ人社会を助けたのは、むしろユダヤ世界の同胞から捻出された金であった。特にアメリカなど、ホロコーストの直接的な影響を受けなかったユダヤ人による寄付である。個人の寄付による援助は一九四九年から一九六一年の間で七億五〇〇〇万ドルにもなった(28)。他にも、ディアスポラのユダヤ人によるイスラエル国債の購入も、イスラエルが外貨を得る重要な手段となっており、その上に各国政府や輸出入銀行などの国際機関による有償・無償の借款があったことも忘れてはならない。

それでも、ホロコーストという事実によって生じた相続人不在の財産、そしてルクセンブルク協定による補償が、イスラエルの形成と深く関わり、裏を返せばこれがパレスチナ問題の「既成事実化」を生んでいた事実は否定できないだろう。こういった事実をもって、ナチの犠牲者であったユダヤ人が、パレスチナ人への加害者へ転化するという、犠牲者と加害者の「置換性」という結論を導き出すのは、あまりにも安易である。むしろ考慮すべきは、イスラエルに移住してきたホロコースト生存者の安全を守り、生活の糧を与えることが、ホロコースト生存者の「援助」以外のなにものでもなかったという点である。イスラエル政府が行なったのは、ヨーロッパの戦争と迫害を生き抜いた者たちに、土地を与え、家を与え、そしてある日突然殺されたりしないという、命の安全を保障することにほかならなかった。アラブ人の流出はすでに起きており、その空いた空間にヨーロッパのユダヤ人が入ってきたのであり、出て行った人びとが戻らないことが、彼らの生活の安定にほかならなかったからだ。ある意味でホロコースト生存者の精神的・肉体的再生は、「パレスチナ問題」の継続を前提としていたといえる。

では、ヨーロッパから到着した人びとは、ほかの人びとの犠牲の上に成り立つ生活の再建というものを認識していただろうか。アラブ人の追放という事実は、その生活において目にするものすべてが雄弁に語っていたであろうが、これについて深く考える余裕はなかったということになるのだろう。アラブ人が逃げた家に住まう権利を主張するには、まずその家で一晩寝て、既成事実を作ることだったという。先に来た者、そこで粘った者が勝つという当時の混沌とした状況の中で、他人の権利を認めることは、自分の権利を失うことであった。

しかし、不在となった人の家に住んでいるという後ろめたさは、その当事者たちの生活に影のように付きまとうものでもあった。一九四九年、ニューヨークのイディッシュ語の新聞に、ヨーロッパからイスラエルに来たある移民の話が紹介されている。


……彼女は若く、二児の母で、裕福なアラブ人が暮らしていた家に入居した。家は広く、庭はよく手入れされ、何でもあって快適な生活ができた。ある日、子どもたちが、追い出されたアラブ人の子どもたちのものと思われるおもちゃでいっぱいの戸棚を見つけた。子どもは喜び、大騒ぎで遊びはじめた。だが母親は、突然、自分の子どもが、土地を追われ家もないアラブ人の子どものおもちゃで遊んでいるという考えに襲われた。彼女は悩みはじめた。私の子どもが遊んでいるおもちゃの持ち主は今どこにいるのだろう。雨露をしのぐ屋根はあるだろうか。寝るベッドはあるか。遊ぶおもちゃはあるか。ほかの人の不幸によって、自分の子どもが幸福になる権利はあるのか。母親は子どもにおもちゃをしまうように命じ、これで遊ぶことを禁じた。[29]……

ジェノサイドと財産問題

われわれはホロコースト財産とパレスチナ問題の関連性という、一見特異な事例を扱ってきたように見える。しかし、これを世界的な文脈の中で位置づけると、そこには二〇世紀の歴史に繰り返し登場する、財産問題の型を見出すことができる。

二〇世紀は、民族の強制移住やジェノサイドといった悲惨な出来事に事欠かない時代であった。人の動くところ、財産も動く。ある集団がいなくなれば、残される財産がある。そして、不在となった集団が残した財産をいかに処分するかという、共通した問題が生まれる。残置財産を「国民」にどう再配分するのか、その「国民」とは誰なのか、もしくは誰であるべきか。ここには特定集団を排除することで実現すると考えられた、理想の国家像が映し出されているだろう。

二〇世紀において、ジェノサイドに随伴する財産問題が最初に現われるのは、本書でも見たアルメニア人の虐殺であろう。アルメニア人の場合、トルコによる財産返還はまったく実現しないまま今日に至っていることは指摘した。近年、アメリカでホロコースト訴訟が耳目を集めていたとき、実は、ジェノサイドで死亡したアルメニア人の生命保険の払い戻しを求める訴訟が起こされている。二〇〇四年にニューヨーク生命とフランスのアクサの両保険会社が、アルメニア人遺族と和解に至っているが、これは当時の保険証書を保管していた人がいたという、実にまれな背景を持った例外であった。[30]

アルメニア人のジェノサイドと同時代、二〇世紀初頭のバルカンでは、特定民族に属する住民の「交換」は珍しいことではなかった。その最たるものが、ギリシア＝トルコ戦争の結果、締結された一九二三年一月三〇日のローザンヌ協定[31]に基づき、トルコとギリシア間で「強制的」な住民交換が合意され、約一九万人のトルコのギリシア系住民（ギリシア正教徒）がギリシアへ、ギリシアのトルコ系住民（イスラーム教徒）約三五万人がトルコへ移動させられた事実であろう。[32] ここでは、協定により両国間で該当する住民の財産処分に関する合意がなされている。また、トルコ国境内に移動したイスラーム教徒が、去ったギリシア人が残した財産をあてがわれており、新しく来た集団が、いなくなった集団の財産の配分に与かるという、この後も繰り返し登場する構図が登場する。[33]

第二次世界大戦前後の世界では、住民交換も、民族の強制移住も、まったく珍しくはなくなっていた。当時は、特定の集団の入れ替えにより紛争の種を取り除き、地域の緊張緩和を進めるという、より大きな利点があると考えられたため、住民交換は人道的観点からもそれほど問題であるとは考えられていなかった。またスターリン時代のソ連が、大規模な民族の強制移動を、巨大な多民族国家を治める常套手段としていたことは言うまでもない。

ヒトラーの時代になると、人の移動に伴うカネとモノの移動は、より計画性を持って、より大きな枠組みの中でなされるようになった。「民族ドイツ人の帰還」事業という名目で、ドイツは各国と協定を結び、ドイツ系住民の出国と、これらが残す財産の処分に合意したことはすでに見た。帝国に向かう人の流れは、帝国から人を押し出す動きと連動していた。ズデーテンからのチェコ人の追放にはじまり、ポーランド人、ユダヤ人。ナチ・ドイツが掲げた東方における「生存圏」の確保という構想は、大規模な人の移動と除去、そして残される財産の活用を想定していたのである。

第二次世界大戦後の世界では、一五〇〇万人と言われる東欧のドイツ系住民の追放が、最も大規模な残置財産を生んだものとして記憶されている。ドイツ人の残置財産の問題は、現在もドイツとその隣人たちとの関係において、のどに刺さった棘であり続けている。ドイツにおいては、東欧から追放されたドイツ人の悲劇をいかに記憶するか現在も議論が続くが、この問題がいつになってもアクチュアリティを持ち続けるのは、その根底に解決されていない財産の問題があるからである。

また、ヨーロッパ外でも、インドとパキスタンの間で住民の入れ換えがあり、そしてわれわれが見たパレスチナの問題があった。

このような時代であったから、移住の専門家とは、カネとモノの移動の専門家でもあった。ハアヴァラに関わった人びとが、財産返還、補償にも関わったのはごく自然な流れであり、ヒト・カネ・モノの移動は常にセットになっていた。現に、ハアヴァラ関係者は戦後、大規模な移住や住民交換により財産問題が発生した際には、ハアヴァラの資産移転のモデルが役に立つとまで言っているのである[34]。

こうしたなかで、パレスチナ難民から財産の補償を要求される側になったイスラエル政府が、国内のアラブ人財産の問題を検討する際に、二〇世紀に各地で見られた民族移動の事例を参照していたのは、驚くにあたらない[35]。さらに、同じ理論でもって彼らは、アラブ諸国に残されたユダヤ人財産をいかにイスラエルへ移転できるか知恵を絞った。一例として、出国するアラブ系ユダヤ人の財産と、パレスチナを去ったアラブ人の財産を交換するという案も検討されていたのである[36]。特にイラクは、イスラエル建国で逃げてきたパレスチナ難民をかなり受け入れており、その際に国内のユダヤ人の公共財産を没収して難民を収容するといったこともなされたため、イスラエルとしては、逃げ出す者と逃げて来る者の財産の交換が可能という発想はむしろ自然であったのだろう。住民の追放もしくは物理的な排除といった事態が生じてしまった以上、財産問題の処理に取り組むことは必然的な流れであり、救える財産を救うという現実的な行為であった。

現在もイスラエルでは、パレスチナ難民の流出と、イスラエルによるアラブ系ユダヤ人の受け入れは、第二次世界大戦前後の世界では珍しくはなかった「住民交換」の一例として捉える見方が通用している[37]。その認識の問題性は別として、このような観点からは、イスラエル国内のパレスチナ人の財産は、アラブ諸国のユダヤ人財産で相殺され得ると主張されるのだ。

これらの事例に見られる人間の強制的な移動・除去において、共通して現われるのは、追われた者の財産が、後から来た人びとの生活再建の原資となり、しかも、後から来る集団とは、往々にして、彼ら自身が他の場所から追放された者であったという事実だ。殺されたユダヤ人の財産が民族ドイツ人の帰還事業の潤滑油となっていた事実を指摘したが、半ば強制的にドイツ帝国周辺へ「里帰り」させられた彼らは、ある意味では強制移住の被害者とも言えなくもない。また、ポツダム会談の結果ポーランドの西部国境線が移動したが、この際ポーランドがドイツから獲得した地域に移動して、ドイツ人が去った後の家に入居するのは、ソ連領となったポーランド東部出身の住民であり、また大戦中にソ連領内へ逃げて難を逃れたポーランド・ユダヤ人たちであった。つまり、ある場所での犠牲者は、ほかの場所では難民の帰還を阻む不法占拠者である。不在となったアラブ人の住居に入居したホロコースト犠牲者は、その最たるものと言えるだろう。また、近年では旧ユーゴ内戦における国内難民の発生においても、同じ構図が指摘されている。

さらに、不在者の財産を手に入れるのは、不在となった集団より社会的には下位に位置していた者であることが多いという点も指摘できるだろう。アルメニア人の追放の後、トルコ人のみならず、トルコ社会における底辺のマイノリティであるクルド人が、アルメニア人財産の受益者となったという事実を指摘すればよいだろう。またズデーテン地方をはじめ、戦後にドイツ系住民が追放された後の住居に入居したのは、ロマであることが少なくなかった[38]。ここでは、ある集団が除去されたことにより空いた穴と、その残した財産が、下位のマイノリティ集団にとって社会的上昇への手段となるのである。

イスラエルにおいても、アラブ人の家をあてがわれたナチ犠牲者は、イスラエル社会の辺境的存在であった。ホロコースト生存者とは、ディアスポラの過去を象徴する、「強い」イスラエルのアンチ・テーゼであった。しかし彼らも経済的に自立すると、徐々に中産階級が暮らす地域へと移っていった。その後には、遅れて来た移民、つまり社会的にはより下位であると見なされたアラブ系ユダヤ人ミズラヒームが入ってくるのである。ある集団が除去されて空いた穴、この場所が本質的に持つ社会的周縁性は、その穴に入ってくる集団にそのまま引き継がれていくのである。

そして、財産問題は連鎖する。したがって財産問題は次なる紛争の種である。これを放置すると、その地域の長期的な不安定化につながることは、歴史が証明している。いつか所有者が戻り、返還を求められるかもしれないという権利の不安定さは、長期間にわたって問題を先鋭化した状態にとどまらせ、和解を阻み、その抜本的な解決を困難にさせている。後から来た者は、不在者が権利を主張しないように、所有権の移行の既成事実化に努め、法的なバリケードを築くからである。そのようななかで、旧ユーゴ内戦後のボスニア・ヘルツェゴヴィナでは、一九九六年に「難民とDPの不動産請求権に関する委員会」が設立され、不動産請求の処理を行ない、財産問題の早期解決を図ってきたことは注目に値するだろう[39]。

われわれが見てきた一九三三年以降のユダヤ人財産の収奪、ナチによるその利用、そして戦後の返還＝移転という流れは、二〇世紀のヒトとモノの移動という世界的な構図の一部である。しかし、近年のホロコースト訴訟まで含めて、ユダヤ人財産の返還が一般的に成功裏に終わったのに対し、世界各地の多くの財産問題が未解決のままであるという事実に照らし合わせると、ユダヤ人のケースをその他多くの事例と同等に扱ってよいのかという疑問がわく。現に、財産規模としてはより大きいと思われるドイツ人被追放民の残置財産の問題は、解決の兆しさえない。また、日本の戦争を見ても、朝鮮や中国からの労働徴用者の賃金供託の問題や、軍票の払い戻し請求など、ホロコースト訴訟に似た財産損害の事例があるにもかかわらず、こちらはまったく進展がない。つまり、ユダヤ人財産のケースは世界的に見ると、数多い財産問題の事例における「例外的」な成功例となっているのだ。

ではなぜユダヤ人の返還要求は成功したのか。「なぜユダヤ人だけが」と問うことは、おそらく今でもタブーである。それは、ユダヤ人の「国際的ネットワーク」だとか、陰謀論めいたものを連想させるからである。しかし、なぜ彼らのケースが例外となるのかと問うことは重要だ。各地の財産問題が本質的に同根の問題であるのなら、ユダヤ人のケースを例外にする要素を突き止める必要はあるだろう。残念ながら著者は、まだこの問いに対する確固たる答えを持たない。想像するにそれは、ホロコーストの衝撃、アメリカの姿勢、ドイツの「過去の克服」への努力、そしてユダヤ人自身の現実主義――こういったものが不可分に絡み合った結果であったと思われる。

それでも、ユダヤ人の財産をめぐる長い闘いは、ひとつの事実を突きつけたように見える。それは、人の「死」を語るだけでは、十分ではないということだ。死にはカネとモノの問題が常に寄り添い、それは深い場所でどろどろと溶岩のように燃えている。人は、名誉を失わずして、カネとモノについて語ることができるだろうか。しかし、この名誉なきものについても語ることが、問題の抜本的な解決を可能にするのだ。逆に言えば、このプロセスを経ずしては、問題は終結しないのである。ユダヤ人の場合、これにはヒトラーの敗北から、六〇年という長い年月を要したのである。

おわりに

一九九九年から二〇〇〇年にかけて、私はエルサレムで毎日、文書館の史料に埋没する日々をおくった。現地で閲覧した史料、なかでもユダヤ人継承組織の史料は、それまで整理されていなかったこともあり、一般に公開されていなかった。ちょうど整理の終わった頃、私がイスラエルにやって来たという単なる偶然から、自分がこの歴史的に重要な史料をほとんど「最初」に見るという幸運を手にすることになった。それまで、この史料を実証的に分析し、本を書いた人がいなかったという理由で、私は「自分で」歴史を再構築することになった。どこの本にも書いていない、「自分」で描く歴史である。これに心が震えない歴史研究者がいるだろうか。

ユダヤ人継承組織のひとつ、ＪＲＳＯのドイツ局長であったフェレンツの書簡は、文句なしに面白かった。死んだユダヤ人の財産を処分するという、本来ならひどく憂鬱な業務をこなしているにもかかわらず、彼の報告書は笑いにあふれていた。フェレンツの毒のあるジョークに、当時はまだヘブライ大学のキャンパス地下にあった「ユダヤ民族史中央文書館」のひんやりと暗い部屋で、かび臭いファイルをめくりながら、一人で声を立てて笑ってしまうこともしばしばであった。幸い、ほかの研究者が同じ部屋で作業をしていることはまれであった。

最初は片っ端から史料に目を通していたに過ぎなかったが、読み進めるうちに、過去が頭の中でゆっくりと形をとりはじめた。欠けていたパズルが一つひとつ埋まっていくように、ぼやけていた輪郭が鮮明になっていく感覚は、一生忘れられないだろう。あまりの興奮で、夜中に目が覚めるほどであった。いま思えば、研究者冥利に尽きる、本当に幸せな時間であった。

つまり私は、死んだユダヤ人の財産処分に関する史料に取り憑かれていたわけだ。闇雲に進むうちに、それでもヨーロッパからイスラエルへと向かう、ヒトとモノとカネの流れが見えるようになってきた。

ドイツに残されたユダヤ人財産の売却益は、まずイスラエルに身ひとつで流れ着くホロコースト生存者を受け入れるための、プレハブ住宅に姿を変えた。これは時間が経つと病院や老人ホームの建設費になり、さらには水道管など、移民が入植した地域での灌漑設備や、化学肥料の購入へと移っていった。

私はこのような史料を読んで、これはイスラエル社会の発展の過程を示しているのだと考えた。ホロコースト生存者の必要最小限が満たされると、次はインフラ整備が問題となったのであろう。短期的な需要から長期的な設備投資へ、重点が移ったのだ。

しかしあるとき、ふと自分は史料を読み違えてはいないかという疑念が生じた。それは、史料に現われてくるイスラエル社会の段階的な発展は、必然的にもうひとつの側面を持っていたのではないかという疑問であった。農業入植地がひとつ建設され、そこに移民が受け入れられるということは、何を意味したか。それ以前にそこにいた人びとにとっては、それは帰郷を阻む新たな現実ではなかったか。その疑念は、次第に強くなり、しまいには頭から離れなくなった。

そんなとき、ある補償問題の研究者に会いに、エルサレムの南西に位置するネゲブ砂漠の都市、ベェルシェバにバスで向かった。私はエルサレムに住んでいたのだが、エルサレムの丘の岩は白く、それが強烈な日差しに反射して、日本のような温帯湿潤の国から来た人間には、その白さはほとんど過酷な体験であった。目が疲れるので、いつも無意識に水と緑を探し求めた。緑といっても、照りつける太陽と少ない降水量のために非常に濃く、硬くなった緑の葉ではなく、みずみずしい、柔らかな新緑のようなものを渇望していたのである。

そんな私の目に、ベェルシェバに向かう道路沿いに広がる、農地の緑が飛び込んできた。バスから眺める若い緑は、感動的でさえあった。ちょうどその一ヶ月ほど前、陸路でイスラエルからエジプトへ行き、延々と続く砂っぽい乾いた風景を見てきたばかりであったので、その中東らしからぬさまに息を呑んだ。

ユダヤ人でなくして、誰にこれが可能だったかという思いが一瞬頭をよぎった。それは、植樹や開墾といったシオニストの「勝利の歴史」を、無批判にも自分が受け入れていたことに気づかされた一瞬でもあったが、そのとき、バスの外の緑を眺めながら、私が文書館で没頭している史料は、こういうことを言っているのではないかと思ったのである。

乾いた土地に水が撒かれたとき、それは土地の緑化を意味した。これに必要な水道管や機械は、ドイツの補償によりまかなわれた。キブツやモシャブの近代的な大規模農場が、土地を緑に変えたとき、オリーヴなど乾燥に強い灌木の果実を収穫する生活は消え去った。返還収益で買ったプレハブ住宅が必要なくなり、移民たちが新たに建設された入植地やキブツで、ようやく普通の生活をはじめたとき、その「普通」の生活はある人びとの「不在」により担保されていたのである。

財産権の移行は、長期的には空間の塗り替えである。永年ある場所に暮らしていた集団が追放され、もしくは抹消され、残された家々に見知らぬ人間が入居し、彼らが代わりに田や畑を耕して土地の恵みを受けるようになるとき、そこには新たな境界線が引かれるだろう。人びとの生活という既成事実が境界を作る。人びとは生活を守るために、所有に固執する。

失われた命や思い出は、もはや取り戻すことはできないであろう。だが、モノなら、取り戻せるかもしれない。土地や家が依然としてそこにあるという事実が、これを希求させ、新たな憎悪の種をまく。そして、それを取り戻す闘いにおいて、救われる者と救われない者がいる。

その差は、ますます開いている。

*

ナチ時代の専門家でもない自分が、このような大きなテーマを扱うことに躊躇しつつ、それでも完成することができたのは、貴重なご意見をくださった先生方の存在あってのことです。本書の執筆にあたりお世話になった次の方々に、この場を借りてお礼を申し上げます。第一部「略奪」を査読してくださった東亜大学の山本達夫先生、上智大学の井上茂子先生。ポーランド語の表記で協力してくださった早稲田大学の井内敏夫先生と、リトアニア語の表記を教えていただいた櫻井映子先生。そして早稲田大学の恩師、大内宏一先生。

白水社編集部の岩堀雅己氏。自分の「象牙の塔」的な研究を世に問う機会を与えてくださったことに、心より感謝しています。

最後に、しばし土日も、時には正月もない私の研究により、最も「実害」を被っていると思われる夫と子供たちに「ありがとう」。

二〇〇八年六月二二日

武井彩佳

著者略歴
武井彩佳（たけい・あやか）
一九七一年生まれ。
早稲田大学第一文学部史学科（西洋史専攻）卒業。
文学博士（早稲田大学、二〇〇四年）。
早稲田大学法学部比較法研究所助手を経て、
現在、学習院女子大学国際文化交流学部専任講師。
専門はドイツ現代史、ユダヤ史。
著書
『戦後ドイツのユダヤ人』（白水社、二〇〇五年）

ユダヤ人財産はだれのものか
ホロコーストからパレスチナ問題へ

二〇〇八年七月　九日　印刷
二〇〇八年七月二八日　発行

著　者 ©武　井　彩　佳
発行者　川　村　雅　之
装丁者　東　　幸　央
印刷所　株式会社　三　秀　舎
発行所　株式会社　白　水　社

東京都千代田区神田小川町三の二四
電話　営業〇三（三二九一）七八一一
　　　編集〇三（三二九一）七八二一
振替　〇〇一九〇―五―三三二二八
郵便番号一〇一―〇〇五二
http://www.hakusuisha.co.jp
乱丁・落丁本は、送料小社負担にてお取り替えいたします。

加瀬製本
ISBN978-4-560-03187-2
Printed in Japan

参考文献（一部，論文を含む）

1．アーリア化

Adam, Uwe. *Judenpolitik im Dritten Reich*. Düsseldorf: Droste, 1979.

Adler, H.G. *Der Verwaltete Mensch. Studien zur Deportation der Juden aus Deutschland*. Tübingen: J.C.B. Mohr, 1974.

Bajohr, Frank. *»Arisierung« in Hamburg: Die Verdrängung der jüdischen Unternehmer 1933–1945*. Hamburg: Christians, 1997.

Barkai, Avraham. *From Boycott to Annihilation. The Economic Struggle of German Jews 1933–1943*. Hanover and London: University Press of New England, 1989.

Baumann, Angelika / Andreas Heusler (Hg.). *München arisiert. Entrechtung und Enteignung der Juden in der NS-Zeit*. München: C.H.Beck, 2004.

Benz, Wolfgang (Hg.). *Die Juden in Deutschland 1933–1945: Leben unter nationalsozialistischer Herrschaft*. München: C.H.Beck, 1988.

Dreßen, Wolfgang. *Betrifft: ›Aktion 3‹. Deutsche verwerten jüdische Nachbarn*. Berlin: Aufbau, 1998.

Fritz Bauer Institut (Hg.). *»Arisierung« im Nationalsozialismus: Volksgemeinschaft, Raub und Gedächtnis*. Frankfurt am Main: Campus, 2000.

Genschel, Helmut. *Die Verdrängung der Juden aus der Wirtschaft im Dritten Reich*. Göttingen: Musterschmidt, 1966.

Henke, Klaus-Dietmar (Hg.). *Die Dresdner Bank im Dritten Reich*. Bd.2: Dieter Ziegler. *Die Dresdner Bank und die deutschen Juden*. München: Oldenbourg, 2006.

James, Harold. *Die Deutsche Bank und die «Arisierung»*. München: C.H.Beck, 2001.

Köhler, Ingo. *Die „Arisierung“ der Privatbanken im Dritten Reich: Verdrängung, Ausschaltung und die Frage der Wiedergutmachung*. München: C.H.Beck, 2005.

Meinl, Susanne / Jutta Zwilling. *Legalisierter Raub: Die Ausplünderung der Juden im Nationalsozialismus durch die Reichsfinanzverwaltung in Hessen*. Frankfurt am Main: Campus, 2004.

ヒルバーグ，ラウル『ヨーロッパ・ユダヤ人の絶滅（上・下）』（望田幸男・井上茂子・原田一美訳，柏書房，1997 年）.

山本達夫「第三帝国における『経済の脱ユダヤ化』関連重要法令(I)」『総合人間科学』第 2 巻第 1 号（2002 年）53–70 頁.

――「第三帝国における「経済の脱ユダヤ化」関連重要法令（II)」『総合人間科学』第 3 巻（2003 年）97–120 頁.

2. 占領地での略奪

Aalders, Gerard. *Nazi Looting: The Plunder of Dutch Jewry During the Second World War*. Oxford and New York: Berg, 2004.

Aly, Götz. *Hitlers Volksstaat: Raub, Rassenkrieg und nationaler Sozialismus*. Frankfurt am Main: Fischer, 2005.

Beker, Avi (ed.). *The Plunder of Jewish Property During the Holocaust: Confronting European History.* New York: New York University Press, 2001.

Bruttmann, Tal (dir.). *Persécutions et spoliations des Juifs pendant la Seconde Guerre mondiale.* Grenoble : Presses Universitaires de Grenoble, 2004.

Dean, Martin. *Collaboration in the Holocaust: Crimes of the Local Police in Belorussia and Ukraine, 1941–1944*. New York: St. Martin's Press, 2000.

Dreyfus, Jean-Marc. *Pillages sur ordonnances : Aryanisation et restitution des banques en France 1940–1953.* Paris : Fayard, 2003.

Gitelman, Zvi (ed.). *Bitter Legacy: Confronting the Holocaust in the USSR*. Bloomington and Indianapolis: Indiana University Press, 1997.

Jungius, Martin. *Der Verwaltete Raub: Die »Arisierung« der Wirtschaft in Frankreich in den Jahren 1940–1944*. Ostfildern: Jan Thorbecke, 2008.

Lumans, Valdis O. *Himmler's Auxiliaries: The Volksdeutsche Mittel-*

stelle and the German National Minorities of Europe 1933–1945. Chapel Hill and London: University of North Carolina Press, 1995.
Margolis, Rachel / Jim G. Tobias. *Die Geheime Notizen des K. Sakowicz: Dokumente zur Judenvernichtung in Ponary 1941–1943*. Frankfurt am Main: Fischer, 2005.
Mission d'étude sur la spoliation des Juifs de France. *Rapport général*. Paris : La documentation Française, 2000.
——. *La persécution des Juifs de France 1940–1944 et le rétablissement de la légalité républicaine : Recueil de textes officiels 1940–1999*. Paris : La documentation Française, 2000.
Pohl, Dieter. *Nationalsozialistische Judenverfolgung in Ostgalizien 1941–1944*. München: Oldenbourg, 1996.
Prost, Antoine / Rémi Skoutelsky / Sonia Étienne. *Aryanisation économique et restitutions*. Paris : La documentation Française, 2000.
Rosenkötter, Bernhard. *Treuhandpolitik: Die „Haupttreuhandstelle Ost" und der Raub polnischer Vermögen 1939–1945*. Essen: Klartext, 2003.
Sakowicz, Kazimierz. *Ponary Diary 1941–1943: A Bystander's Account of a Mass Murder* (ed. Yitzhak Arad). New Haven and London: Yale University Press, 2005.
Wieviorka, Annette. *Les biens des internés des camps de Drancy, Pithiviers et Beaune-la-Rolande*. Paris : La documentation Française, 2000.
Wieviorka, Annette / Floriane Azoulay. *Le pillage des appartements et son indemnisation*. Paris : La documentation Française, 2000.
アリー，ゲッツ『最終解決　民族移動とヨーロッパのユダヤ人殺害』（山本尤・三島憲一訳，法政大学出版局，1998年）.
芝健介『ホロコースト　ナチスによるユダヤ人大量殺戮の全貌』（中公新書，2008年）.
ニコラス，リン・H『ヨーロッパの略奪　ナチス・ドイツ占領下における美術品の運命』（高橋早苗訳，白水社，2002年）.
野村真理「自国史の検証――リトアニアにおけるホロコーストの記憶をめぐって――」野村真理・弁納才一編『地域統合と人的移動　ヨ

ーロッパと東アジアの歴史・現状・展望』(御茶の水書房, 2006 年).
フェリシアーノ, エクトール『ナチの絵画略奪作戦』(宇京頼三訳, 平凡社, 1998 年).
ブラウニング, クリストファー『普通の人びと　ホロコーストと第101 警察予備大隊』(谷喬夫訳, 筑摩書房, 1997 年).
松村高夫・矢野久編『大量虐殺の社会史　戦慄の 20 世紀』(ミネルヴァ書房, 2007 年).

3.「ユダヤ民族」を相続人に

Jewish Restitution Successor Organization. *Betrachtungen zum Rückerstattungsrecht*. Koblenz: Humanitas, 1951.
——. *After Five Years 1948–1953*. Nuremberg: JRSO, 1953.
——. *Report on the Operation of the Jewish Restitution Successor Organization 1947–1972* (Prepared by Kagan, Saul and Ernst H. Weissmann). New York: JRSO, 1972.
Kapralik, Charles I. *Reclaiming the Nazi Loot: The History of the Work of the Jewish Trust Corporation for Germany*. London: JTC, 1962.
——. *The History of the Work of the Jewish Trust Corporation for Germany,* vol.II. London: JTC, 1971.
Kohanski, Alexander S.(ed.). *The American Jewish Conference: Its Organization and Proceedings of the First Session.* New York: American Jewish Conference, 1944.
Moses, Siegfried. *Jewish Post-War Claims*. Tel Aviv: Irgun Olej Merkaz Europa, 1944.
Robinson, Nehemiah. *Indemnification and Reparations: Jewish Aspects*. New York: Institute of Jewish Affairs of the American Jewish Congress and World Jewish Congress, 1944.
Takei, Ayaka. *The Jewish People as the Heir: The Jewish Successor Organizations (JRSO, JTC, French Branch) and the Postwar Jewish Communities in Germany*. Ph.D.thesis, Waseda University, Tokyo, 2004.(早稲田大学図書館のサイトで閲覧可能)
World Jewish Congress. *War Emergency Conference of the World Jewish Congress: Addresses and Resolutions*. New York: WJC, 1944.

グロス，ヤン・T『アウシュヴィッツ後の反ユダヤ主義　ポーランドにおける虐殺事件を糾明する』（染谷徹訳，白水社，2008年）．

武井彩佳「第二次世界大戦後のヨーロッパにおけるユダヤ人財産の返還——近年の返還訴訟の歴史的起源」『比較法学』第39-3号，95-118頁（2006年4月）．

4．ドイツの返還

Brodesser, Hermann-Josef et al. *Wiedergutmachung und Kriegsfolgenliquidation. Geschichte-Regelungen-Zahlungen.* München: C.H. Beck, 2000.
Bundesminister der Finanzen in Zusammenarbeit mit Walter Schwarz. *Die Wiedergutmachung nationalsozialistischen Unrechts durch die Bundesrepublik Deutschland.* Bd.1. Rückerstattung nach dem Gesetzen der Alliierten Mächte. München, C.H.Beck, 1974; Bd.2. Friedrich Biella et al. *Das Bundesrückerstattungsgesetz.* München: C.H.Beck, 1981.
Ferencz, Benjamin B. *Less Than Slaves: Jewish Forced Labor and the Quest for Compensation.* 2d ed. Bloomington and Indianapolis: Indiana University Press in association with the United Holocaust Memorial Museum, 2002.
Goschler, Constantin. *Wiedergutmachung: Westdeutschland und die Verfolgten des Nazionalsozialismus (1945-1954).* München: Oldenbourg, 1992.
——. *Schuld und Schulden: Die Politik der Wiedergutmachung für NS-Verfolgte seit 1945.* Göttingen: Wallstein, 2005.
Goschler, Constantin / Jürgen Lillteicher (Hg.). *Arisierung und Restitution: Die Rückerstattung jüdischen Eigentums in Deutschland und Österreich nach 1945 und 1989.* Göttingen: Wallstein, 2002.
Hockerts, Hans Günter / Christiane Kuller (Hg.). *Nach der Verfolgung: Wiedergutmachung nationalsozialistischen Unrechts in Deutschland?* Göttingen: Wallstein, 2003.
Lillteicher, Jürgen. *Raub, Recht und Restitution: Die Rückerstattung jüdischen Eigentums in der frühen Bundesrepublik.* Göttingen: Wall-

stein, 2007.
Winstel, Tobias. *Verhandelte Gerechtigkeit: Rückerstattung und Entschädigung für jüdische NS-Opfer in Bayern und Westdeutschland*. München: Oldenbourg, 2006.
国会図書館調査立法考査局『外国の立法』第34巻3・4号合併号（1996年5月）.
武井彩佳「戦後ドイツにおける相続人不在のユダヤ人財産の返還」『ユダヤ・イスラエル研究』第19号（2003年）.

5．公共財産の処分

Kurtz, Michael J. *Nazi Contraband. American Policy on the Return of European Cultural Treasures, 1945–1955*. New York: Gerland, 1985.
Presidential Advisory Commission on Holocaust Assets in the United States. *Plunder and Restitution: The U.S. and Holocaust Victim's Assets. Staff Report.* Washington D.C.: GPO, 2000.
Takei, Ayaka. "The 'Gemeinde Problem': The Jewish Restitution Successor Organization and the Postwar Jewish Communities in Germany, 1947–1954". In: *Holocaust and Genocide Studies*, Vol.16, No.2 (Fall 2002): pp.266–288.
武井彩佳『戦後ドイツのユダヤ人』（白水社，2005年）.

6．冷戦後の再展開

Dean, Martin / Constantin Goschler / Philipp Ther (eds.). *Robbery and Restitution: The Conflict over Jewish Property in Europe*. London and New York: Berghahn, 2007.
Diner, Dan / Gotthard Wunberg (eds.). *Restitution and Memory: Material Restitution in Europe*. New York and Oxford: Berghahn, 2007.
Goschler, Constantin / Philipp Ther (Hg.). *Raub und Restitution: »Arisierung« und Rückerstattung des jüdischen Eigentums in Europa*. Frankfurt am Main: Fischer, 2003.
Henry, Marilyn. *The Restitution of Jewish Property in Central and Eastern Europe*. New York: American Jewish Committee, 1997.
——. *Confronting the Perpetrators. A History of the Claims Confer-*

ence. London and Portland, OR: Valentine Mitchell, 2007.
Horel, Catherine. *La restitution des biens juifs et le renouveau juif en Europe centrale (Hongrie, Slovaquie, République Tchèque)*. Bern: Peter Lang, 2002.
Spannuth, Jan Philipp. *Rückerstattung Ost: Der Umgang der DDR mit dem »arisierten« Eigentum der Juden und die Rückerstattung im wiedervereinigten Deutschland*. Essen: Klartext, 2007.

7. アメリカの法廷でホロコーストを裁く

Authers, John / Richard Wolffe. *The Victim's Fortune: Inside the Epic Battle over the Debts of the Holocaust.* New York: Prennial, 2003.
Bazyler, Michael J. *Holocaust Justice: The Battle for Restitution in America's Courts*. New York and London: New York University Press, 2003.
Bazyler, Michael / Roger P. Alford (eds.). *Holocaust Restitution: Perspectives on the Litigation and Its Legacy*. New York: New York University Press, 2005.
Eizenstat, Stuart E. *Imperfect Justice: Looted Assets, Slave Labor, and the Unfinished Business of World War II*. New York: PublicAffairs, 2003.
Rathkolb, Oliver (ed.). *Revisiting the National Socialist Legacy: Coming to Terms with Forced Labor, Expropriation, Compensation, and Restitution*. Insbrück: Studien Verlag, 2002.
Unabhängige Expertenkommission Schweiz-Zweiter Weltkrieg. *Die Schweiz, der Nationalsozialismus und der Zweite Weltkrieg, Schlussbericht.* Zürich: Pendo, 2002. 邦訳が、『中立国スイスとナチズム――歴史への責任と国際共同研究』（仮題）黒澤隆文編／監訳，尾崎麻弥子・川崎亜紀子・穐山洋子訳／著（京都大学出版局）として近刊予定.
U.S. and Allied Efforts to Recover and Restore Gold and Other Assets Stolen or Hidden by Germany During WWII, Preliminary Study, Coordinated by Stuart E. Eizenstat, Under Secretary of Commerce for International Trade, Special Envoy of the Department of State on

Property Restitution in Central and Eastern Europe, Prepared by William Z. Slany, The Historian, Department of State. May 1997.
Zweig, Ronald W. *The Gold Train: The Destruction of the Jews and the Looting of Hungary*. New York: Morrow, 2002.
佐藤健生「ドイツ強制労働補償財団の現状と今後の課題」『外国の立法』第 210 号（2001 年 10 月）.
田村光彰『ナチス・ドイツの強制労働と戦後処理――国際関係における真相の解明と「記憶・責任・未来」基金』（社会評論社，2006 年）.

8. ホロコースト財産とパレスチナ問題

Feilchenfeld, Werner / Dolf Michaelis / Ludwig Pinner. *Haavara-Transfer nach Palästina und Einwanderung deutscher Juden 1933–1939*. Tübingen: J.C.B.Mohr, 1972.
Fischbach, Michael R. *Records of Dispossession: Palestinian Refugee Property and the Arab-Israeli Conflict*. New York: Columbia University Press, 2003.
Hirschon, Renée (ed.). *Crossing the Aegean: An Appraisal of the 1923 Compulsory Population Exchange Between Greece and Turkey*. New York and Oxford: Berghahn, 2003.
Jelinek, Yeshayahu A. *Deutschland und Israel 1945–1965: Ein neurotisches Verhältnis*. München: Oldenbourg, 2004.
Levin, Itamar. *Locked Doors: The Seizure of Jewish Property in Arab Countries*. Westport: Praeger, 2001.
Morris, Benny. *The Birth of the Palestinian Refugee Problem Revisited*. Cambridge: Cambridge University Press, 2004.
Rieber, Alfred J.(ed.). *Forced Migration in Central and Eastern Europe 1939–1950*. London and Portland, OR: Frank Cass, 2000.
Sachar, Howard M. *A History of Israel: From the Rise of Zionism to Our Time*. 2nd ed. New York: Alfred A. Knopf, 1996.
Segev, Tom. *1949: The First Israelis*. New York: Henry Holt, 1998.
阿部俊哉『パレスチナ　紛争と最終的地位問題の歴史』（ミネルヴァ書房，2004 年）.
芝健介「『第三帝国』初期のユダヤ人政策――パレスティナへの移送

問題を中心として――」『國學院大學紀要』第20巻（1982年）.
ジェリス，サブリ『イスラエルのなかのアラブ人――祖国を奪われた人びと』（若一光司・奈良本英佑訳，サイマル出版会，1975年）.
ラーナン，ウリ『イスラエル現代史』（滝川義人訳，明石書店，2004年）.

省略形一覧

AIU	Alliance Israélite Universelle
AJA	American Jewish Archives, Cincinnati
AMAE	Archives du ministère des affaires étrangères, Paris
BGBl	Bundesgesetzblatt
BEG	Bundesentschädigungsgesetz
BRüG	Bundesrückerstattungsgesetz
CAHJP	Central Archives for the History of the Jewish People, Jerusalem
CGQJ	Commissariat général aux questions juives
CZA	Central Zionist Archives, Jerusalem
Dego	Deutsche Golddiskontbank
DP	Displaced Person
DUT	Deutsche Umsiedlungs Treuhand GmbH
ERR	Einsatzstab Reichsleiter Rosenberg
HHStAW	Hessisches Hauptstaatarchiv, Wiesbaden
HTO	Haupttreuhandstelle Ost
IRO	International Refugee Organization
JA	Jewish Agency for Palestine / Israel
JCR	Jewish Cultural Reconstruction
JDC-J	American Jewish Joint Distribution Committee Archives, Jerusalem
JDC-NY	American Jewish Joint Distribution Committee Archives, New York
JNF	Jewish National Fund
JRC	Jewish Restitution Commission
JRSO	Jewish Restitution Successor Organization
JTA	Jewish Telegraphic Agency
JTC	Jewish Trust Corporation for Germany
LBI-NY	Leo Baeck Institute, New York

RGBl	Reichsgesetzblatt
RKF	Reichskommissar für die Festigung deutschen Volkstums
RSHA	Reichssicherheitshauptamt
RV	Reichsvereinigung der Juden in Deutschland
SCAP	Service de contrôle des administrateurs provisoires
UEK	Unabhängige Expertenkommission Schweiz-Zweiter Weltkrieg
UGIF	Union Générale des lsraélites de France
UNCCP	United Nations Conciliation Commission for Palestine
USHMM	United States Holocaust Memorial Museum Archives, Washington DC
VoMi	Volksdeutsche Mittelstelle
WL	WestLaw International
WJC	World Jewish Congress
WJRO	World Jewish Restitution Organization
YIVO	Yiddish Scientific Institute, New York
ZA	Zentralarchiv zur Erforschung der Geschichte der Juden in Deutschland, Heidelberg
ZfA	Zentrum für Antisemitismusforschung, Berlin

註

はじめに

1　J. D. Bindenagel (ed.), *Proceedings of the Washington Conference on Holocaust-Era Assets* (Washington D.C.: US GPO, 1999), p.14.

第 1 章

1　ラウル・ヒルバーグ『ヨーロッパ・ユダヤ人の絶滅（上巻）』（望田幸男・井上茂子・原田一美訳，柏書房，1997 年），42–43 頁．

2　山本達夫「官吏層再建法（1933 年 4 月 7 日）に関する一考察」『東亜大学紀要』第 3 号 2004 年，64 頁．山本氏より，ナチ体制下の官吏は，「全体の奉仕者」を理念とする「公務員」とは異なるとの貴重な指摘を受けた．

3　Peter Hayes, "Big Business and ›Aryanization‹ in Germany, 1933–1939", *Jahrbuch für Antisemitismusforschung 3* (1994), S.260.

4　Avraham Barkai, *From Boycott to Annihilation: The Economic Struggle of German Jews 1933–1943* (Hanover and London: University Press of New England, 1989), p.47.
オリジナルのドイツ語版があるが，入手不可能であったため英語版を使用した．

5　この命令を含むアーリア化関連法令に関しては，山本達夫「第三帝国における『経済の脱ユダヤ化』関連重要法令（I）」『総合人間科学』第 2 巻第 1 号（2002 年）53–70 頁，同「第三帝国における『経済の脱ユダヤ化』関連重要法令（II）」『総合人間科学』第 3 巻（2003 年）97–120 頁の訳出を参照．

6　Götz Aly, *Hitlers Volksstaat: Raub, Rassenkrieg und nationaler Sozialismus* (Frankfurt am Main: Fischer, 2006), S.56.

7　Hessisches Hauptstaatsarchiv, Wiesbaden (HHStAW), 474/1, 15.
474 は，1926–1944 年の間にフランクフルトで弁護士をしていたユダヤ人たちのファイルである．

8　HHStAW, 474/1, 15, Freund an den Herrn Regierungspräsidenten,

29. Dezember 1938.

9 ちなみに，2008 年現在，アシャッフェンブルクには，1938 年創業の電化製品の卸売り「ヨーゼフ・ブラウン商会」が存在している．これが前述のブラウン商会と同一，もしくはなんらかの関係がある可能性は排除できない．

10 Helmut Genschel, *Die Verdrängung der Juden aus der Wirtschaft im Dritten Reich* (Göttingen: Musterschmidt, 1966), S.158.
経済顧問のほかには，商工会議所，工業団体などもアーリア化の認可に関わっていた．

11 HHStAW, 474/1, 15, Gauwirtschaftsberater Dr. Vogel an Herrn Christoph Junker, 11. November 1938.

12 Frank Bajohr, *Parvenüs und Profiteure: Korruption in der NS-Zeit* (Frankfurt am Main: Fischer, 2001), S.113–114.

13 Genschel, *op.cit.*, S.240–248.

14 *Ibid.*, S.197.

15 *Ibid.*, S.253.

16 ヒルバーグ前掲書（上巻）102 頁．

17 Klaus-Dietmar Henke (Hg.), *Die Dresdner Bank im Dritten Reich,* Bd.2: Dieter Ziegler, *Die Dresdner Bank und die deutschen Juden* (München: Oldenbourg, 2006), S.185.

18 HHStAW, 474/1, 15, Finanzamt Frankfurt (Main) West an Herrn August Freund, 20. November 1938.

19 HHStAW, 474/1, 15, August Israel Freund an die Dresdner Bank Filiale Aschaffenburg, 25. Januar 1939.

20 HHStAW, 474/1, 15, Zusammenstellung, August Israel Freund (undatiert).

21 ヒルバーグ前掲書（上巻）106 頁．

22 Frank Bajohr, "The Beneficiaries of 'Aryanization': Hamburg as a Case Study", in: *Yad Vashem Studies XXVI* (1998), p.178.

23 Frank Bajohr, *»Arisierung« in Hamburg: Die Verdrängung der jüdischen Unternehmer 1933–1945* (Hamburg: Christians, 1977), S. 189–195.

24 Bundesminister der Finanzen in Zusammenarbeit mit Walter

Schwarz, *Die Wiedergutmachung nationalsozialistischen Unrechts durch die Bundesrepublik Deutschland*, Bd.V, *Das Bundesentschädigungsgesetz* (München: C.H.Beck, 1983), S.32.

25 Ziegler, *op.cit.*, S.125.

26 たとえば，ドレスナー銀行がドレスデンの「アルンホルト兄弟銀行」をアーリア化した例である．Ingo Köhler, *Die „Arisierung" der Privatbanken im Dritten Reich: Verdrängung, Ausschaltung und die Frage der Wiedergutmachung* (München: C.H.Beck, 2005) を参照．

27 Ziegler, *op.cit.*, S.126.

28 *Ibid.*, S.197.

29 Harold James, *Die Deutsche Bank und die «Arisierung»* (München: C.H.Beck, 2001), S.204.

30 Hayes, *op.cit.*, p.267.

31 ヒルバーグ前掲書（上巻）79 頁．

32 Ziegler, *op.cit.*, S.188.

33 Christopher Kopper, *Bankiers unterm Hakenkreuz* (München: Hanser, 2005), S.129–131.

34 Ziegler, *op.cit.*, S.124.

35 *In re* Austrian and German Bank Holocaust Litigation, Memorandum of law in Support of Duveen plaintiffs' Motion for Partial Summary Judgement on Liability Against Defendants Deutsche Bank and Dresdner Bank, 8 March 1999 (1999 WL 33748705).

36 *Ibid.*

37 Kopper, *op.cit.*, S.117–118.

38 *Ibid.*, S.90–97.

39 James, *op.cit.*, S.204–207.

40 Peter Hayes, "Corporate Profits and the Holocaust: A Dissent from the Monetary Argument", in: Michael Bazyler / Roger P. Alford (eds.), *Holocaust Restitution: Perspectives on the Litigation and Its Legacy* (New York: New York University Press, 2005), p.198.

41 Wolfgang Benz (Hg.), *Die Juden in Deutschland 1933–1945: Leben unter nationalsozialistischer Herrschaft* (München: C.H.Beck, 1988), S.733.

42 Wolf Gruner, "Poverty and Persecution: The Reichsvereinigung, the Jewish Population, and Anti-Jewish Policy in the Nazi State, 1939–1945", in: *Yad Vashem Studies XXVII* (1999), p.34.

43 Gesetz über die Rechtsverhältnisse der jüdischen Kultusvereinigungen vom 28. März 1938, in: *RGBl*, I, 1938, S.338.

44 Fritz Bauer Institut (Hg.), *»Arisierung« in Nationalsozialismus: Volksgemeinschaft, Raub und Gedächtnis* (Frankfurt am Main: Campus, 2000), S.132.

45 *Ibid.*, S.131.

46 Andreas Wirsching, „Jüdische Friedhöfe in Deutschland 1937–1957", in: *Vierteljahrshefte für Zeitgeschichte 50* (2002), S.26.

47 Fritz Bauer Institut, *op.cit.*, S.142.

48 Christiane Kuller, „»Erster Grundsatz: Horten für die Reichsfinanzverwaltung«: Die Verwertung des Eigentums der deportierten Nürnberger Juden", in: Birthe Kundrus / Beate Meyer (Hg.), *Die Deportation der Juden aus Deutschland: Pläne-Praxis-Reaktionen 1938–1945* (Göttingen: Wallstein, 2004), S.165.

49 「外国」の定義については，H. G. Adler, *Der Verwaltete Mensch: Studien zur Deportation der Juden aus Deutschland* (Tübingen: J. C. B. Mohr, 1974), S.503–504 を参照.

50 Susanne Meinl / Jutta Zwilling, *Legalisierter Raub: Die Ausplünderung der Juden im Nationalsozialismus durch die Reichsfinanzverwaltung in Hessen* (Frankfurt am Main: Campus, 2004), S.47.

51 Adler, *op.cit.*, S.508.

52 *Ibid.*

53 Kuller, *op.cit.*, S.160.

54 Frank Bajohr, „Über die Entwicklung eines schlechten Gewissens: Die deutsche Bevölkerung und die Deportationen 1941–1945", in: Kundrus / Meyer, *op.cit.*, S.189.

55 Dreizehnte Verordnung zum Reichsbürgergesetz vom 1. Juli 1943, in: *RGBl*, I, S.372.

56 Aly, *op.cit.*, S.61.

57 *Ibid.*

58　*Ibid.*, S.62.

第2章

1　Gerard Aalders, *Nazi Looting: The Plunder of Dutch Jewry During the Second World War* (Oxford and New York: Berg, 2004), pp.12–14.

2　Second World War Assets Contact Group, *Theft and Restoration of Rights* (Amsterdam, 12 January 2000), p.84. オランダ政府による調査報告書である.

3　Robert O. Paxton / Michael R. Marrus, *Vichy France and the Jews* (Stanford: Stanford University Press, 1995) を参照.

4　フランスでは，1997年に自国におけるユダヤ人財産の収奪と，その戦後の返還を調査する歴史家委員会「マテオリ委員会 (Mission Mattéoli)」が設立され，その研究成果が複数出版されている．委員会の最終報告書がMission d'étude sur la spoliation des Juifs de France（以下, Mission d'étude）, *Rapport général* (Paris : La documentation Française, 2000) である.

5　フランスにおける反ユダヤ法については，Mission d'étude, *La persécution des Juifs de France 1940–1944 et le rétablissement de la légalité républicaine: Recueil des textes officiels 1940–1999* (Paris : La documentation Française, 2000); Richard H. Weisberg, *Vichy Law and the Holocaust in France* (New York: New York University Press, 1996) を参照.

6　Lois du 22 Juillet 1941 relative aux enterprises, biens et valeurs appartenant aux juifs, in: Mission d'étude, *La persécution des Juifs*, p.108.

7　Martin Jungius, *Der Verwaltete Raub: Die »Arisierung« der Wirtschaft in Frankreich in den Jahren 1940–1944* (Ostfildern: Jan Thorbecke, 2008), S.191.

8　Verordnung über Maßnahmen gegen Juden vom 27. September 1940, in: Mission d'étude, *La persécution des Juifs*, p.92.

9　Zweite Verordnung über Maßnahmen gegen Juden vom 18. Oktober 1940, *Ibid.*, pp.51–53.

10　Loi prévoyant la nomination d'administrateurs provisoires des

enterprises privées de leurs dirigeants, *Ibid.*, p.88.

11 Jungius, *op.cit.*, S.74.

12 Mission d'étude, *Rapport général*, p.54.

13 Jungius, *op.cit.*, S.75.

14 Mission d'étude, *Rapport général,* p.53.

15 Jungius, *op.cit.*, S.182–183.

16 Fünfte Verordnung über Maßnahmen gegen Juden vom 28. September 1941, in: Mission d'étude, *La persécution des Juifs*, p.65.

17 Mission d'étude, *Rapport général*, pp.53–54.

18 *Ibid.*, p.55.

19 井上茂子氏のご指摘による.

20 Antoine Prost / Rémi Skoutelsky / Sonia Étienne, *Aryanisation économique et restitutions* (Paris, La documentation Française, 2000), p.101.

21 Mission d'étude, *Rapport général*, p.57. 上の註 20 の本の 143–148 頁も参照.

22 *Ibid.*, p.59.

23 Verordnung über die Erhaltung von Kunstschätzen im besetzten Gebiet Frankreichs vom 15. Juli 1940, in: Mission d'étude, *La persécution des Juifs,* pp.46–48.

24 ナチによる美術品の略奪については，リン・H・ニコラス『ヨーロッパの略奪　ナチス・ドイツ占領下における美術品の運命』（高橋早苗訳，白水社，2002 年），エクトール・フェリシアーノ『ナチの絵画略奪作戦』（宇京頼三訳，平凡社，1998 年）などが詳しい.

25 Patricia Kennedy Grimsted, "Roads to Ratibor: Library and Archival Plunder by the Einsatzstab Reichsleiter Rosenberg", in: *Holocaust and Genocide Studies*, vol.19, No.3, Winter 2005, p.407.

26 Wolfgang Dreßen, *Betrifft: »Aktion 3«. Deutsche verwerten jüdische Nachbarn* (Berlin: Aufbau, 1998), S.58.

27 *Ibid.*, S.57.

28 Annette Wieviorka / Floriane Azoulay, *Le pillage des appartements et son indemnisation* (Paris : La documentation Française, 2000), Pillage, pp.18–20.

29　*Ibid*., p.17.

30　Shmuel Trigano, "France and the burden of Vichy", in: Avi Beker (ed.), *The Plunder of the Jewish Property during the Holocaust: Confronting European History* (New York: New York University Press, 2001), p.183.

31　栗原優『ナチズムとユダヤ人絶滅政策――ホロコーストの起源と実態』（ミネルヴァ書房，1997年），99頁．

32　申惠丰・高木喜孝・永野貫太郎編『戦後補償と国際人道法　個人の請求権をめぐって』（明石書店，2005年），273頁．

33　Wendy Lower, *Nazi Empire-Building and the Holocaust in Ukraine* (Chapel Hill: University of North Carolina Press, 2005), p.140.

34　Yitzhak Arad, "Plunder of Jewish Property in the Nazi-Occupied Areas of the Soviet Union", in: *Yad Vashem Studies XXIX* (2001), pp.122–123.

35　Dieter Pohl, *Nationalsozialistische Judenverfolgung in Ostgalizien 1941–1944* (München: Oldenbourg, 1996), S.123; Martin Dean, *Collaboration in the Holocaust: Crimes of the Local Police in Belorussia and Ukraine, 1941–1944* (New York: St. Martin's Press, 2000), p.44, p.51.

36　ウォルター・ラカー編『ホロコースト大事典』（井上他訳，柏書房，2003年），264–265頁．

37　クリストファー・ブラウニング『普通の人びと　ホロコーストと第101警察予備大隊』（谷喬夫訳，筑摩書房，1997年），38頁．

38　ヴォルフガング・ベンツ『ホロコーストを学びたい人のために』（中村浩平・中村仁訳，柏書房，2004年），90頁．

39　同．

40　同93頁．

41　ツヴィ・ギテルマン『ロシア・ソヴィエトのユダヤ人100年の歴史』（池田智訳，明石書店，2002年），231頁．

42　Martin Dean, "Jewish Property Seized in the Occupied Soviet Union in 1941 and 1942: The Records of the *Reichshauptkasse Beutestelle*", in: *Holocaust and Genocide Studies,* V14 N1, Spring 2000,

p.84.

43 *Ibid.*, p.92.

44 Sara Shner-Neshamit, "Jewish-Lithuanian Relations during World War II: History and Rhetoric", in: Zvi Gitelman (ed.), *Bitter Legacy: Confronting the Holocaust in the USSR* (Bloomington and Indianapolis: Indiana University Press, 1997), p.170.

45 Dean, *Collaboration*, p.69.

46 *Ibid.*, p.46.

47 Arad, *op.cit.*, p.131.

48 Kazimierz Sakowicz, *Ponary Diary 1941–1943: A Bystander's Account of a Mass Murder*, edited by Yitzhak Arad (New Haven and London: Yale University Press, 2005); Rachel Margolis / Jim G. Tobias (Hg.), *Die geheime Notizen des K. Sakowicz: Dokumente zur Judenvernichtung in Ponary 1941–1943* (Frankfurt am Main: Fischer, 2005).
オリジナルのポーランド語版は1999年に出版された．ここでは英語版とドイツ語版をつき合わせて訳出しているが，編者が違うため，日記の内容は完全に同一ではない．本書では，英独版双方に出てくる記述を訳出した．

49 1943年4月4日と5日に，ベラルーシとの国境周辺の4つの小規模なゲットーが「一掃」され，ユダヤ人がポナリへ送られた．5日だけで4000人近くが殺された．サコーヴィチはこれを「審判の日」と呼んだ．

50 金歯を取り出し，見物する村人に売るつもりはないと答える話は，ドイツ語版では1943年7月4日の記述に出てくる．

51 8月25日の記述は，ドイツ語版では7月26日付となっている．

52 11月4日の記述は，英語版では11月3日付となっている．

53 クロード・ランズマンの映画『ショアー』に，ポナリの死体を掘り起こして薪で焼いた，ゲットー生き残りの証言が出てくる．

54 ゲッツ・アリー『最終解決　民族移動とヨーロッパのユダヤ人殺害』（山本尤・三島憲一訳，法政大学出版局，1998年）．

55 Valdis O. Lumans, *Himmler's Auxiliaries: The Volksdeutsche Mittelstelle and the German National Minorities of Europe 1933–1945*

(Chapel Hill: University of North Carolina Press, 1995), p.161.

56 *Ibid.*, pp.169–170.

57 *Ibid.*, p.156.

58 Dirk Jachomowski, *Die Umsiedlung der Bessarabien-, Bukowina- und Dobrudschadeutschen: Von der Volksgruppe in Rumänien zur „Siedlungsbrücke" an der Reichsgrenze* (München: Oldenbourg, 1984), S.68, S.93.

59 Lumans, *op.cit.,* p.174.

60 Hans Buchheim, „Rechtsstellung und Organisation des Reichskommissars für die Festigung deutschen Volkstums", in: Institut für Zeitgeschichte (Hg.), *Gutachten des Institut für Zeitgeschichte* (München: 1958).

61 アリー前掲書 157 頁.

62 Bernhard Rosenkötter, *Treuhandpolitik: Die „Haupttreuhandstelle Ost" und der Raub polnischer Vermögen 1939–1945* (Essen: Klartext, 2003), S.110–111.

63 Adler, *op.cit.*, S.514–515.

64 ヒルバーグ前掲書（下巻）211 頁.

65 Unabhängige Expertenkommission Schweiz–Zweiter Weltkrieg (UEK), *Die Schweiz, der Nationalsozialismus und der Zweite Weltkrieg, Schlussbericht* (Zürich: Pendo, 2002) を参照.

66 Aly, *op.cit.*, S.215.

67 Helen B. Junz, *Where did all the money go? Pre-Nazi Era Wealth of European Jewry* (Berne: Staempfli, 2002), p.131.

68 Jürgen Lillteicher, *Raub, Recht und Restitution: Die Rückerstattung jüdischen Eigentums in der frühen Bundesrepublik* (Göttingen: Wallstein, 2007), S.13.

69 Aly, *op.cit.*, S.317.

第３章

1 David Wyman, *DPs: Europe's Displaced Persons, 1945–1951* (Ithaca and London: Cornell University Press, 1998), pp.140–141.

2 David Engel, "Patterns of Anti-Jewish Violence in Poland, 1944–

1946", in: *Yad Vashem Studies XXVI* (1998), p.52.

3 Lucjan Dobroszycki, "Restoring Jewish Life in Post-War Poland", in: *Soviet Jewish Affairs* 1973 (2), p.66.

4 Engel, *op.cit.*, p.76; Dobroszycki, *op.cit.*, p.66.
また，ヤン・T・グロス『アウシュヴィッツ後の反ユダヤ主義　ポーランドにおける虐殺事件を糾明する』（染谷徹訳，白水社，2008年）も参照.

5 Engel, *op.cit.*, p.76.

6 Zentrum für Antisemitismusforschung (ZfA), YIVO-Displaced Persons Camps and Centers in Germany (microfilm), 1633–116, Quarterly Report Berlin Office AJDC, March 1, 1946–June 1, 1946.

7 Malcom J. Proudfoot, *European Refugees 1939–1952: A Study in Forced Population Movement* (London: Faber and Faber, 1957), p.341.

8 ドイツ・ユダヤ人生存者については，拙著『戦後ドイツのユダヤ人』（白水社，2005年）を参照.

9 Hans-Erich Fabian, „Vom anderen Ufer", in: *Der Weg*, 6. Dezember 1946.

10 Zentralarchiv zur Erforschung der Geschichte der Juden in Deutschland (ZA), B1/13 (Frankfurt am Main), A.160, Jüdische Betreuungsstelle der Frankfurt (Main), Activity-report for month of July 1946, 1 August 1946.

11 ZA, B1/13, A.222, Jüdische Betreuungsstelle der Frankfurt (Main), Tätigkeitsbericht über den Monat Dezember 1945, 1. Januar 1946.

12 1943年にアメリカの大多数のユダヤ人団体が参加して生まれたAmerican Jewish Conference (AJC) の議事録を読むと，当時ユダヤ人指導者の間で何が問題とされていたのかがよくわかる.
Alexander S. Kohanski (ed.), *The American Jewish Conference: Its Organization and Proceedings of the First Session* (New York: AJC, 1944) 参照 .

13 Ronald W. Zweig, *German Reparations and the Jewish World: A History of the Claims Conference,* 2nd Edition (Portland: Frank Cass, 2001), p.47.

14　Mission d'étude, *Rapport général*, pp.73–74.
フランス当局がその問題性に気づき，1947 年に入って破棄の中止が命令された．

15　American Jewish Archives (AJA), WJC, C230,3, N. Robinson to the Office Committee, 5 November 1945.

16　Nahum Goldmann (1896–1982)，シオニスト，ユダヤ人政治家．世界ユダヤ人会議の共同設立者で後にその会長．ユダヤ人組織における多くの要職を兼任し，特にドイツ／ユダヤ間の補償交渉の立役者であった．

17　World Jewish Congress, *War Emergency Conference of the World Jewish Congress: Addresses and Resolutions* (New York: WJC, 1944), p.11.

18　Central Zionist Archives (CZA), C7 (American Jewish Conference), 1194/3, Weizmann to Secretary of State, 20 September 1945.

19　この構想については，Ayaka Takei, *The Jewish People as the Heir: The Jewish Successor Organizations (JRSO, JTC, French Branch) and the Postwar Jewish Communities in Germany*, Ph.D. thesis, Waseda University, Tokyo, 2004 を参照．

20　以下を参照．Vahakn N. Dadrian, *The Histroy of the Armenian Genocide: Ethnic Conflict from the Balkans to Anatolia to the Caucasus* (Providence and Oxford: Berghahn, 1995)；松村高夫「トルコにおけるアルメニア人虐殺（1915～1916）」松村高夫・矢野久編『大量虐殺の社会史　戦慄の 20 世紀』（ミネルヴァ書房，2008 年）．

21　Treaty of Peace between the Allied and Associated Powers and Turkey, 10 August 1920, Article 144 (Part IV, Protection of Minorities).

22　CZA, A140, 390, Memorandum on the special nature of the Jewish claims to reparations, 27 April 1945; Dr. F. Gillis and Dr. H. Knopf, *Reparation Claim of the Jewish People* (Tel Aviv, 1944), p.27.

23　Siegfried Moses, *Jewish Post-War Claims* (Tel Aviv: Irgun Olej Merkaz Europa, 1944), p.22.

24　Archives du ministère des affairs étrangères, Paris (AMAE), AEF-AAA 53, Paris Conference on Reparation November 9th – December

21st, 1945, Final Act.

25 *Ibid*.

26 ルーマニア講和条約の第25条2項，ハンガリー講和条約の第27条2項である．

27 UEK, *op.cit*., S.470－471.

28 武井彩佳「第二次世界大戦後のヨーロッパにおけるユダヤ人財産の返還――近年の返還訴訟の歴史的起源」『比較法学』第39－3号（2006年4月），95–118頁を参照．

29 Laurence Weinbaum, "Defrosting History: the Restitution of Jewish Property in Eastern Europe", in: Beker, *op.cit*., p.101.

30 Annette Wieviorka, *Les biens des internés des camps de Drancy, Pithiviers et Beaune-la-Rolande* (Paris : La documentation Française, 2000), pp.71–79.

31 Takei, *op.cit*., pp.63–65.
かなり時間が経ってからだが，オランダとオーストリアも，同様の立法をしている．

第4章

1 Constantin Goschler, *Wiedergutmachung: Westdeutschland und die Verfolgten des Nationalsozialismus (1945–1954)*, (München: Oldenbourg, 1992), S.100.

2 Central Archives for the History of the Jewish People (CAHJP), JRSO-NY, 887b, Report by M. Nussbaum, 23 July 1947.

3 Ronald W. Zweig, "Restitution and the Problem of Jewish Displaced Persons in Anglo-American Relations, 1944–1948", in: *American Jewish History LXXVIII* (September 1988), p.60.

4 Military Government, Germany, United States Area of Control, Law No.59, in: *Property Control: History, Policies, Practices and Procedures of the United States Area of Control, Germany*, 1948, p.53.

5 Leo Baeck Institue, New York (LBI-NY), AR 5890 (Council of Jews from Germany), 9, Georg Landauer to Hans Reichmann, 12 July 1951.

6 英・仏地区の継承組織については，Charles I. Kapralik, *Reclaim-*

ing the Nazi Loot: The History of the Work of the Jewish Trust Corporation for Germany (London: JTC, 1962) を参照.

7　Benjamin B. Ferencz (1920－). ワシントンのホロコースト博物館は, 行動部隊裁判に関する史料をはじめとする, フェレンツ・コレクションを所有している. 文書史料のほかにも, フェレンツによるオーラル・ヒストリー・インタヴューも含まれる. 筆者はフェレンツ氏に 2003 年と 2006 年に, フロリダでインタヴューを行なった. 強制労働の補償に関するフェレンツの著作の邦訳に『奴隷以下 ドイツ企業の戦後責任』(住岡良明･凱風社共訳, 凱風社, 1993 年) がある.

8　Saul Kagan (1922－). ケーガンは, 当時から現在まで, 一貫してユダヤ人の補償問題に関わっている. 現在は対ドイツ物的損害請求会議の名誉執行副会長である. 筆者はケーガン氏に 1999 年 (ニューヨーク) と 2000 年 (エルサレム) でインタヴューを行なった.

9　American Jewish Joint Distribution Committee Archives, New York (JDC-NY), 4266, Report No.2 of the JRSO, 1 February 1949.

10　United States Holocaust Memorial Museum Archives (USHMM), RG 50, 030.0269, tape No.4, Interview of Benjamin B. Ferencz, 21 October 1994.

11　JDC-NY, 4266, Report No.2 of the JRSO, 1 February 1949.

12　ケーガン氏と筆者のインタヴューで (1999 年 8 月 10 日, 於ニューヨーク).

13　Lillteicher, *op.cit.*, S.96.

14　アメリカ返還法の第 4 条と, イギリス返還法の第 3 条にあたる.

15　Ordonannce No.120, in: *Journal Officiel du Commandement en Chef Français en Allemagne*, No.119, 14 novembre 1947.

16　フランス地区では, 最初から裁判で争われた.

17　Archives of the Central British Fund for World Jewish Relief, microfilm collection (The Jewish People from Holocaust to Nationhood), 218/563-566, Statistical Analysis of U.S. Court of Restitution Appeals Opinions, Opinions No.1–110, 12 November 1957.

18　ヘルツ対ケルンの判例については, Lillteicher, *op.cit.*, S.202–209.

19　*Ibid.*, S.98.

20　Bundesentschädigungsgesetz (BEG), in: *BGBl*, I, S.562–596. その

第51－63条が財産損害について定めている．

21 Lillteicher, *op.cit.*, S.265.

22 *Ibid.*, S.263.

23 Brodesser / Fehen / Franosch / Wirth, *Wiedergutmachung und Kriegsfolgenliquidation: Geschichte-Regelungen-Zahlungen* (München: C.H.Beck, 2000), S.249.

第5章

1 ZA, B.1/10 (Bremen), 432, Aufstellung über die von den einzelnen Gemeinden eingegangenen Statistiken, 15. April 1947.

2 ZA, B.1/13, A.412, Protokoll der Sitzung der Interessenvertretung der jüdischen Gemeinden und Kultusvereinigungen, 2. März 1947.

3 YIVO, 347.7, FAD 41–46, Box 31, Max Isenbergh to the Foreign Affairs Department, 28 December 1948.

4 Takei, *The Jewish People as the Heir* を参照．

5 JRSO執行部がドイツ出身者の利益も考慮すると譲歩したことで，評議会は後にJRSOに復帰した．

6 CZA, S35 (Department for the Restitution of German Jewish Property of the Jewish Agency), 196, Verhandlungen über das Eigentum der Jüdischen Gemeinden in der amerikanischen Zone, 19. September 1948.

7 武井前掲書91–94頁．

8 CAHJP, JRSO-NY, 426a, On the problem of the disposal of Jewish community property used for religious purposes, 13 February 1949.

9 CAHJP, JRSO-NY, 426a, Ferencz to Eli Rock, 7 November 1949.

10 JRSO, *The Report on the Operation of the Jewish Restitution Succesor Organization 1947–1972* (New York: JRSO, 1972), p.27.

11 CAHJP, JRSO-NY, 426c, Katzenstein an den Herrn Bundesinnenminister, 13. Juni 1955.

12 USHMM, RG 50.030*0269, tape 4/6. 筆者はフェレンツ氏とのインタヴューで改めてこの事実を確認した．

13 American Jewish Joint Distribution Committee Archives, Jerusalem (JDC-J), Geneva IV, 9/1B, File 9, Kagan to Executive Commit-

tee, 11 September 1956.

14 USHMM, RG 12, 008.02 (Benjamin B. Ferencz Collection), 1/6, Katzenstein to Ferencz and Kagan, 14 July 1954.

15 *Ibid*., 5/6, Anlage zur Niederschrift vom 29. August 1949, Vergleich JRSO / Stadt Fluda.

16 *Ibid.,* 3/6, Aussage des Herrn Gershon aus Fulda, 11. Mai 1953.

17 *Ibid.,* 2/6, Kaufvertrag, 29. April 1952.

18 *Ibid.,* 3/6, Aussage des Herrn Gershon aus Fulda, 11. Mai 1953.

19 *Ibid.,* 2/6, Kaufvertrag, 29. April 1952.

20 *Ibid.,* 3/6, Bericht des Landesrabbiner Dr. Levy, 27. Mai 1953.

21 *Ibid.,* 1/6, JRSO/Katzenstein an den Magistrat der Stadt Fulda, 22. Oktober 1953.

22 *Ibid.,* 3/6, Katzenstein to Ferencz, 9 April 1954.

23 *Ibid.,* 2/6, Vollsteckbare Ausfertigung, 30. September 1954.

24 The Presidential Advisory Commission on Holocaust Assets in the United States, "Plunder and Restitution (December 2000), Staff Report", p.189.

25 Michael J. Kurtz, *Nazi Contraband: American Policy on the Return of European Cultural Treasures, 1945–1955* (New York: Gerland, 1985), pp.214–216.

26 USHMM, RG 50.030*0269, tape 5/6.

27 Kurtz, *op.cit*., p.220.

28 *Ibid.,* p.221.

第６章

1 参加団体は以下の通り．世界ユダヤ人会議，ユダヤ機関，世界シオニスト機構，対ドイツ物的損害請求会議，ジョイント，ブナイ・ブリス，アメリカ・ホロコースト生存者集会，イスラエル・ホロコースト生存者団体本部．遅れてアグダット・イスラエル，ヨーロッパ・ユダヤ人会議が参加した．

2 Stuart E. Eizenstat, *Imperfect Justice: Looted Assets, Slave Labor, and the Unfinished Business of World War II* (New York: Public Affairs, 2003), pp.25–26.

3　世界返還組織執行副会長のナフタリ・ラウ・ラヴィ（Naphtali Lau-Lavie）氏と筆者とのインタヴューで（於エルサレム，2000 年 3 月 13 日，2005 年 8 月 11 日）.

4　Laurence Weinbaum, *Righting an Historic Wrong: Restitution of Jewish Property in Central and East Europe* (Jerusalem: Institute of World Jewish Congress, 1995), p.12.

5　"As Jewish Groups Feud, Restitution for Lost Polish Property in Jeopardy", in: *Jewish Telegraphic Agency (JTA)*, 7 March 2001; "Jewish Groups Tries to Ease Restitution", in: *JTA*, 3 April 2001.

6　U.S. Department of State, Bureau of European and Eurasian Affairs, "Property Restitution in Central and Eastern Europe", Washington, DC, 3 October 2007.

7　WJRO, *Newsletter*, No.1, spring 2004.

8　Gesetz zur Regelung offener Vermögensfragen, in: *BGBl*, Teil II, 1990, S.1159. 第 1 条 6 項にある.

9　継承組織としての請求会議の法的地位は，1992 年 7 月 14 日に「財産整理法」が改定された際に明文化された. *BGBl*, Teil I, 1992, S.1257. 武井彩佳「戦後ドイツにおける相続人不在のユダヤ人財産の返還」『ユダヤ・イスラエル研究』第 19 号（2003 年）38–40 頁も参照.

10　請求会議ドイツ代表部顧問弁護士，クリスティアーネ・レー（Christiane Reeh）氏とのインタヴューで（於フランクフルト，2006 年 8 月 15 日）. 他には，Marilyn Henry, *Confronting the Perpetrators: A History of the Claims Conference* (London and Portland, OR: Valentine Mitchell, 2007), p.110.

11　http://www.claimscon.org/（最終検索 2008 年 6 月 13 日）.

12　Olaf Ossmann, „ ‚Arisierung' und ‚Wiedergutmachung' oder die unbekannte Geschichte des Kaufhausimperiums Wertheim nach 1945", in: Christof Biggeleben / Beate Schreiber / Kilian J. L. Steiner (Hg.), *„Arisierung" in Berlin* (Berlin: Metropol, 2007), S.315–335.

13　http://www.claimscon.org/（最終検索 2008 年 6 月 22 日）.

14　ホイベルガー (Georg Heuberger) 氏と筆者のインタヴューで（於フランクフルト，2006 年 8 月 15 日）.

第７章

1 Charisse Jones, "Survivor Leads Fight For Lost Holocaust Money", in: *The New York Times*, 12 November 1996.

2 *In re* Holocaust Victim Assets Litigation, No. CV 96-4849 (E.D.N.Y., 1997). スイス銀行訴訟関連の裁判文書は，以下の URL で閲覧可能である．http://www.swissbankclaims.com/（最終検索 2008 年 6 月 13 日）．

3 Robert H. Klonoff, *Class Actions and Other Multi-Party Litigation*, 2d. Edition (St. Paul: West, 2004) を参照.

4 United States Code, Title 28, Section 1350.

5 Michael J. Bazyler, "The Holocaust Restitution Movement in Comparative Perspective", in: *Berkley Journal of International Law 11* (2002) を参照.

6 UEK, *op.cit.*, S.472–474.

7 Peter Gumbel, "Secret Legacies", in: *Wall Street Journal*, 21 June 1995; Nathaniel C. Nash, "Swiss Raise Hopes of Tracing Lost War Deposit", in: *The New York Times*, 3 August 1995; William Drozdiak, "Swiss to Help Trace Assets of Jews Slain by Nazis", in *The Washington Post*, 13 Septmeber 1995.

8 *U.S. and Allied Efforts to Recover and Restore Gold and Other Assets Stolen or Hidden by Germany During WWII, Preliminary Study* (Eisenstat Report), May 1997.
報告書は以下の国務省のサイトで永久的に閲覧可能.
http://www.state.gov/www/regions/eur/rpt_9705_ng_links.html/

9 UEK, *op.cit.*, S.120.

10 *In re* Holocaust Victim Assets Litigation, Class Action Settlement Agreement, 26 July 2000 (105 F. Supp. 2d 139).

11 Swiss Banks Settlement Fund Distribution Statistics as of December 31, 2007.
http://www.swissbankclaims.com/Documents_New/Scanjob_20080109_155313.pdf（最終検索 2008 年 6 月 13 日）.

12 ここで言う「ナチ犠牲者」とは，人種や宗教などを理由にナチから迫害された者のことを言い，一部にロマや，エホバの証人，同性

愛者などの非ユダヤ人も含まれる．

13　たとえば，矢野久『ナチス・ドイツの外国人――強制労働の社会史』（現代書館，2004 年）；田村光彰『ナチス・ドイツの強制労働と戦後処理――国際関係における真相の解明と「記憶・責任・未来」基金』（社会評論社，2006 年）などを参照．

14　Abrams v. société nationale des chemins de fer français, 5 novembre 2001 (175 F. Supp. 2d 423). アメリカの訴訟は棄却されたが，フランス国内で起こされた同様の訴訟では，2006 年にトゥールーズ行政裁判所が国鉄に対しユダヤ人の移送の責任を認め，損害賠償の支払いを命じる判決を下している．しかしこれは集団訴訟ではなく，個人による個別の請求を認めたものある．原告の HP に，判決文書等が公開されている．http://helene.lipietz.net/（最終検索 2008 年 6 月 13 日）．朝日新聞取材班『歴史と向き合う 2　「過去の克服」と愛国心』（朝日新聞社，2007 年），150−152 頁も参照．

15　*In re* Austrian and German Bank Holocaust Litigation, Memorandum of Law in Support of Duveen Plaintiffs' Motion for Partial Summary Judgement on Liability Against Defendants Deutsche Bank and Dresdner Bank, 8 March 1999 (1999 WL 33748705).

16　カール・ヤスパース『戦争の罪を問う』（橋本文夫訳，平凡社，1998 年）．

17　財団については，佐藤健生「ドイツ強制労働補償財団の現状と今後の課題」『外国の立法』第 210 号（平成 13 年 10 月）1–20 頁が詳しい．

18　クリスティアーネ・レー氏とのインタヴューで（於フランクフルト，2006 年 8 月 15 日）．

19　「〔記憶･責任･未来〕財団の設立に関する法律」の第 11 条（1）3 にある．『外国の立法』第 210 号，27 頁．

20　「〔記憶･責任･未来〕財団の設立に関する法律」第 9 条（4）の 4 は，そのような福祉目的の給付を規定している．

21　Michael J. Bazyler, *Holocaust Juistice: the Battle for Restitution in America's Courts* (New York: New York University Press, 2003), pp.185−188.

22　Commission pour l'indemnisation des victimes de spoliations in-

terveunes du fait des législations antisémites pendant l'Occupation (CIVS). http://www.civs.gouv.fr/ を参照（最終検索 2008 年 6 月 13 日）.

23 Annette Wieviorka, "Des spoliations aux restitutions", in : Tal Bruttmann (dir.), *Persécutions et spoliations des Juifs pendant la Seconde Guerre mondiale* (Grenoble : Presses Universitaires de Grenoble, 2004), p.21.

24 Zivkovich v. Vatican Bank, 23 August 2002 (242 F. Supp. 2d 659); Alperin v. Vatican Bank, 3 January 2003 (242 F. Supp. 2d 686). どちらの訴訟も棄却されている.

25 イスラエルでは，この問題を解明する目的で，2000 年に議会内調査委員会が発足した．2004 年 12 月の調査結果によると，国や銀行の保有するホロコースト犠牲者の財産は，少なく見積もって 1 億 3800 万シェケルに，最大で約 9 億 1000 万シェケルになるという．これを受けて 2005 年末に「ホロコースト犠牲者財産法」が公布され，翌年，財産を探し出し，返還手続きを行なう会社が設立された．会社は，財産に相続人が見つからない場合，この財産を他のホロコースト生存者援助のために有効利用する権限を与えられている．調査報告 (Report of the Knesset Inquiry Committee on the Location and Restitution of Assets [in Israel] of Victims of the Holocaust) は，以下のアドレスで閲覧可能．http://www.hashava.org.il//download/files/shoa_finalreport_eng_1.pdf (最終検索 2008 年 6 月 13 日).

26 ハンガリー金塊列車については，Ronald W. Zweig, *The Gold Train: The Destruction of the Jews and the Looting of Hungary* (New York: Morrow, 2002) を参照.

27 Rosner v. United States of America, 28 August 2002 (231 F. Supp. 2d 1202).

28 ハンガリー金塊列車に関する裁判文書は，以下で閲覧可能.
http://www.hungariangoldtrain.org/（最終検索 2008 年 6 月 13 日）.

29 Barry Meier, "Jewish Groups Fight for Spoils of Swiss Case", in: *The New York Times*, 29 November 1998.

第８章

1　Yehuda Bauer, *Jews for Sale? Nazi-Jewish Negotiations 1933–1945* (New Haven: Yale University Press, 1994), p.16.

2　ハアヴァラについては，芝健介「『第三帝国』初期のユダヤ人政策――パレスティナへの移送問題を中心として――」『國學院大學紀要』第20巻（1982年），160－220頁が詳しい．

3　正式には「ドイツ・ユダヤ人相談所信託有限会社（Palästina Treuhandstelle zur Beratung deutscher Juden GmbH）」，略称は「パルトロイ（Paltreu）」．

4　Werner Feilchenfeld / Dolf Michaelis / Ludwig Pinner, *Haavara-Transfer nach Palästina und Einwanderung deutscher Juden 1933–1939* (Tübingen: J.C.B.Mohr, 1972), S.65

5　*Ibid.*, S.68－69.

6　芝前掲論文198頁.

7　Bauer, *op.cit.*, p.24.

8　Feilchenfeld / Michaelis / Pinner, *op.cit.*, S.58

9　*Ibid.*, S.65.

10　ハアヴァラから補償へとつながる思考的・人的連続性については，Yeshayahu A. Jelinek, *Deutschland und Israel 1945－1965: Ein neurotisches Verhältnis* (München: Oldenbourg, 2004), S.69, S.103.

11　JRSO, Report, p.39; Charles. I. Kapralik, *The History of the Work of the Jewish Trust Corporation for Germany vol.II* (London: JTC; 1971), p.34–35, p.62.
その内訳は，JRSOが2億2232万マルク，JTCが1億7347万マルク，フランス部門約2813万マルクである．

12　CAHJP, JRSO-NY, 464a, Annual Report Oct.1951–Sept.1952.

13　Tom Segev, *1949: The First Israelis* (New York: Henry Holt, 1998), p.76.

14　ウリ・ラーナン『イスラエル現代史』（滝川義人訳，明石書店，2004年），201頁.

15　Howard M. Sachar, *A History of Israel: From the Rise of Zionism to Our Time* (New York: Knopf, 1996), p.395.

16　Michael R. Fischbach, *Records of Dispossession: Palestinian*

Refugee Property and the Arab-Israeli Conflict (New York: Columbia University Press, 2003), p.72.

17 Sachar, *op.cit.,* p.438.

18 キブツとは，共同で生産し生活する集団農場のことで，モシャブとはこれを家族単位で行なう協同村のこと．

19 ラーナン前掲書 203 頁．

20 詳しくは，Fischbach, *Records of Dispossession* を参照．邦語では，サブリ・ジェリス『イスラエルのなかのアラブ人——祖国を奪われた人びと』（若一光司・奈良本英佑訳，サイマル出版会，1975 年），103–138 頁が詳しい．

21 Fischbach, *op.cit.,* p.121, p.128.

22 CAHJP, JRSO-NY, 464b, JRSO Cumulative Statement of Receipts and Disbursements from Inception, August 1, 1947(sic!) to September 30, 1956.
原史料では 1947 年 8 月から 1956 年 9 月までとあるが，1947 年 8 月の段階では JRSO はまだ存在していないので，「1948 年」のタイプミスと推測される．

23 CAHJP, JRSO-NY, 464b, Immigration and Resettlement Activities of the Jewish Agency 1949–1955, 24 October 1956.

24 *Ibid.*

25 CZA, Z6, 540, Summary of the Report by Mr. Ferencz on the activities of the JRSO, 14 November 1951.

26 Fischbach, *op.cit.,* p.11.

27 Jelinek, *op.cit.,* S.259–260.

28 Sachar, *op.cit.,* p.425.

29 William Zukerman, *Voice of Dissent: Jewish Problems, 1948–1961*(New York: Bookman, 1964), pp.140–141.

30 アルメニア人の保険払い戻し訴訟については、以下を参照.
http://www.armenianinsurancesettlement.com/（最終検索 2008 年 6 月 14 日）.

31 1923 年 7 月の「ローザンヌ条約（Treaty）」ではなく，「ギリシアとトルコとの住民交換に関する協定（Convention）」の方である．

32 Renée Hirschon (ed.), *Crossing the Aegean: An Appraisal of the*

1923 Compulsory Population Exchange Between Greece and Turkey (New York and Oxford: Berghahn, 2003), p.14. 戦争中にすでに 100 万人を超えるキリスト教徒がトルコからギリシアに流入しており，両国間の住民交換で移動を余儀なくされた人の数は 150 万人にのぼる．

33 *Ibid.,* p.16.

34 Feilchenfeld / Michaelis / Pinner, *op.cit.,* S.12.

35 Fischbach, *op.cit.,* p.41.

36 Itamar Levin, *Locked Doors: The Seizure of Jewish Property in Arab Countries* (Westport: Praeger, 2001), p.31.

37 阿部俊哉『パレスチナ　紛争と最終的地位問題の歴史』（ミネルヴァ書房，2004 年），216 頁.

38 加賀美雅弘編『「ジプシー」と呼ばれた人々　東ヨーロッパ・ロマ民族の過去と現在』(学文社，2005 年)，82 頁.

39 以下を参照.

Hans van Houtte,"Mass Property Resolution in a Post-War Society: The Commission for Real Property Claims in Bosnia and Herzegovina", in: *International and Comparative Law Quarterly*, vol.48, 1999; *Forced Migration Review: Going Home. Land and Property Issues*, April 2000.